U0830664

语言面面观

LINGUISTIC ASPECTS

李中元 著

商务印书馆
SINCE 1897 The Commercial Press
2017年·北京

图书在版编目(CIP)数据

语言面面观/李中元著.—北京:商务印书馆,2017
ISBN 978-7-100-15450-5

Ⅰ.①语… Ⅱ.①李… Ⅲ.①语言学 Ⅳ.①H0

中国版本图书馆 CIP 数据核字(2017)第 252416 号

权利保留,侵权必究。

语言面面观
李中元 著

商 务 印 书 馆 出 版
(北京王府井大街 36 号 邮政编码 100710)
商 务 印 书 馆 发 行
北京顶佳世纪印刷有限公司印刷
ISBN 978-7-100-15450-5

2017 年 10 月第 1 版　　开本 710×1000 1/16
2017 年 10 月北京第 1 次印刷　　印张 10¾
定价:30.00 元

自　序

人类与其说生活在自然和社会之中，毋宁说生活在用各种语言编织而成的世界之中。

如果说说话是上帝赐予人类最重要的天赋的话，那么语言就是人作为万物之灵最伟大的创造。

我们作为文明人曾经做过的一切，正在做着的一切和未来将要做的一切，离开语言既不可能进行，亦无法理解和把握。

那么，语言是什么？人类语言的本质是什么？它与自然、宇宙、人类社会、精神、文化是什么关系？如何认识人类语言演变的历史、发展的现状及未来的趋势？本书作为对人类语言现象、内在本质、神奇功能充满好奇兴趣的思考和探索，希望能为有共同兴趣的读者们解开语言之谜提供一些参考。

特向本书出版提供了各种帮助的朋友们一并致谢。

李中元

2017 年 8 月 3 日于本院

目 录

第一章
绪论

语言本能既源于遗传，也离不开环境的影响。受乔姆斯基的“普遍语法”的启发，人们将会找到潜藏于所有文化下的普遍行为模式。按“相似度”进行归纳，是人类天生就有的一种学习能力。尽管我们说着不同的语言，但我们拥有相同的心智结构，语言是洞悉人性的一扇窗。

——［美］史蒂芬·平克《语言本能——人类语言进化的奥秘》

第一节　没有语言就没有人类

我们应该怎样认识自己？我们人类与其他宇宙万物最大的区别究竟是什么？相信很多人将做出如下的回答：人类是万物之灵，是这个星球的主宰；人类与非人类最大的区别，在于人类能够持续制造创新并使用工具，能够进行大规模的集体劳作。这样的回答当然不能说是错误的，但它的缺陷在于没有进入问题的实质。因为，人之所以成为这个星球的主宰，之所以能够持续制造创新并使用工具进行集体劳作，是建立在一种特殊的媒介与能力基础之上的，这就是人类的语言。是人类语言，使人成为万物之灵；是人类语言，使人类成就了今天所拥有的一切。

在数百万年的人类自然进化中，语言系统与能力的发展始终推动着人类自身的成长进步，成为人类进化不可缺少的条件。可以这样说，从古猿到早期的人类，从早期的能人到晚期的智人，也是人类语言从无到有，从简单到复杂的漫长的演化过程。

人类自从有了语言，与外在世界的关系便逐步从被动的适应渐渐转变为主动的改造，并从对世界直观、机械的反应变为抽象、灵活的综合与分析。人类不再是外在世界的奴隶，不再生活在一个平面化的自然世界之中，人类不断深入到自己主观的立体世界里去想象、联想、发明、创造，在构建一个与自然世界相对的精神世界的同时，又建构着一个超越了自然世界的烙印着人类主观能动性的物质的人造世界。于是，文化文明开始生成演进，社会开始组织运行，人类开始拥有各自的图腾和信仰，开始产生族群的观念，开始关注自己族群的发展并捍卫自己族群的利益。久而久之，他们还产生了超越人类自身去探索宇宙奥秘的愿望。可以这样说，语言是人类文化产生与发展的血液，不破解人类语言的密码，就很难揭开人类文化的种种神秘面纱。人类语言之于人类的形成、发展和进步，是至关重要的。

也可以这样说，没有语言就没有早期的智人；没有语言的发展，就没有今天的人类。

我们实在没有能力对于语言的重要性做出任何过高的估价。面对我们自己发明创造的语言，我们又该如何对它讴歌礼赞呢？语言对于人类，就像空气、食物和水，须臾不能离开。没有了语言，人类将无法思维；没有了语言，人类将失去大部分历史记忆；没有了语言，人类将不能彼此有效地交流；没有了语言，人类将永久徘徊在蛮荒混沌的过去。今天，我们已生活在一个越来越丰富的、由各种语言编织而成的世界。在这个世界上，我们借助语言繁衍、进化，获得意义和价值；我们借助语言创造、传承文化，使生命不断丰富与超越。在信息生产与消费主导发展的时代，语言已无孔不入、无处不在、无时不有……

人类曾有无数次伟大的发明创造。克隆、纳米、计算机、宇宙飞船、飞机、汽车、蒸汽机、火车、冶铁……数量之多，意义之大，不一而足。然而，它们中没有一个可与语言相比。克隆、纳米技术是当今世界的尖端技术，假如失去它们，人类的历史只不过倒退了二三十年；那时候，我们的宇宙飞船已往返于大小星球之间，我们的计算机以一秒数千万亿次的运算速度超常运转，我们早已进入信息时代，享受着信息高速带来的种种福祉。假如失去了计算机、宇宙飞船，人类的历史只不过倒退了六七十年；那时候，我们依然可以乘坐飞机在蓝天上飞翔，驾驶汽车在草原上奔驰，我们早已进入科技时代，享受着科技革命带来的高速与高效。假如失去了飞机、汽车，人类的历史只不过倒退了一百多年；那时候，我们依然可以用蒸汽机实现机械化生产，用火车实现高吨位运输，我们早已进入工业时代，享受着工业革命带来的巨额财富。假如失去了蒸汽机、火车，人类的历史也只不过倒退了二三百年，我们可以像以前那样人工冶铁、人工铸造，同样可以创造种种人间奇迹。假如连冶铁技术也没有了，那也不太要紧，因为人类的历史也只不过因此倒退了两千多年；那个时候，在中国的大地上，各种青铜制品早已出现，尊、壶、区、卮、皿、盂、爵、鬲，应有尽有，人们执爵持尊，觥筹交错，不亦乐乎！

可是，假如人类失去了语言，失去了说话的本领……我们的历史将不知倒退多少万年！没有语言的远古蛮荒，人类只能发出像鸟、兽、虫那样的叫声，虽然也本能地大吼几声以示惊恐、狂喜和兴奋，却不能表达任何复杂一点的感情，更不用说最简单的概念，当然也无法传递任何组合的信息。我们与狼群为伴，与虎豹共舞，凭借祖先遗传下来的几声怪叫，艰难地生存和繁衍……事实上，那时的我们还远远不是人类。

人类语言的出现，是一件多么伟大的事情！它是多么惊天地、泣鬼神！

《圣经·创世记》第十一章记载了这样一个故事：

那时，天下人的口音、言语都是一样。他们往东边迁移的时候、在示拿地遇见一片平原，就住在那里。他们彼此商量说，来吧，我们要做砖，把砖烧透了。他们就拿砖当石头，又拿石漆当灰泥。他们说，来吧，我们要建造一座城和一座塔，塔顶通天，为要传扬我们的名，免得我们分散在全地上。耶和华降临，要看看世人所建造的城和塔。耶和华说，看哪，他们成为一样的人民，都是一样的言语，如今既作起这事来，以后他们所要做的事，就没有不成就的了。我们下去，在那里变乱他们的口音，使他们的言语彼此不通。于是耶和华使他们从那里分散在全地上，他们就停工，不造那城了。因为耶和华在那里变乱天下人的言语，使众人分散在全地上，所以那城名叫巴别。（就是“变乱”的意思）

当人类使用自己的语言传递着思想，协同着劳作，一起烧砖、和灰建造城市和天塔时，上帝耶和华害怕了。他担心人类一旦“成为一样的人民”，使用“一样的言语”，“以后他们所要做的事，就没有不成就的了”。于是，他降临到人间，把人类分散到各地。这个故事再明白不过地说明了，人类发明的语言竟然震惊了上帝。

类似的故事在中国也曾出现。《淮南子·本经训》写道：

昔者苍颉作书，而天雨粟，鬼夜哭。

仓颉发明了文字，天空忽然下起了粟米，鬼怪在夜间号啕大哭。为什么呢？唐人张彦远说：“造化不能藏其密，故天雨粟；灵怪不能遁其形，故鬼夜哭。”语言文字的产生，竟有这么大的震慑力。

在看到语言造就了人类的同时，我们也应该看到，人类的发展进步也同样创造着更为复杂、更为精密、更具有表现力和创造力的语言。在某种意义上说，人类和语言已成为一个事物的两个方面，形成一种一而二、二而一的关系。只要是人类的成员，就必然拥有语言；只要拥有语言，就是人类的成员。

不过，我们也应该清楚地看到，在人类和语言共同发展的今天，语言大有凌驾于人类之上的态势。人类已经匍匐在语言的脚下，成为语言的俘虏。无论是解释当下，还是重构过去，抑或遥想未来，我们都要把它交由语言处置。我们无时不寻求语言的帮助，无事不寻求语言的凭借。我们接受语言对自己心灵的冲洗，我们接受语言对自己生活的馈赠。我们无法改变语言主宰人类的现实。

其实，所有这一切均说明一个问题：人类语言的出现，是人类历史上最伟大的事件；拥有语言，是人之成为人的最根本的要素。是语言，使人类获得强大的生存武器；是语言，促使人类繁衍进步；是语言，促进了现代人的产生。语言一路伴随着人类成长。人类使用语言的能力越强大，实力就越强大；人类创造语言的速度越快，进步就越快。

同样道理，对于一个人来说，谁拥有较强的语言能力，谁就强大；谁掌握着日新月异的语言，谁就能与时代同步。

第二节　人类为什么会有语言

人类独有的创造、运用语言的能力，与人类具备而其他物种所没有的生理属性和社会属性密切相关。从这个意义上，把人类语言看作人类的天赋，看作大自然的一种特殊恩赐，亦未尝不可。

人类之所以会有语言，原因之一是人类具有能够发出各种声音的特殊的发音器官。动物依靠四肢爬行，决定了肺部气流呈直线状由嘴巴呼出，由于气流在口腔中没有受到较多的阻碍，所以一般动物的发音都比较简单。而人类在直立行走的过程中，肺部气流通过喉头由口腔呼出时正好形成一个直角，同样的气流便受到较多的阻碍，再加上人类通过口腔的各种变化可以对气流进行各式各样的控制，从而保证了人类可以发出更多的声音。气流由动物的直线呼出到人类的转弯呼出，构成了语言产生的生理基础。

人类之所以会有语言，原因之二是人类的心智活动，即大脑活动已经进化到了较高的发展阶段。根据科学家的实验，生物体的心智活动由低到高一般要经历四个阶段[①]：简

① 许国璋：《语言的定义、功能、起源》，《外语教学与研究》，1986年第2期。

单反射阶段，条件反射阶段，工具阶段，符号阶段。在简单反射阶段，生物体的反应不受意志的支配，如射向眼睛的光线逐渐增强，瞳孔就逐渐收缩，这是生物体的本能反应。在条件反射阶段，生物体对外界的反应是依据过去的某种经验，如训练一条狗，铃声一响就给它食物，时间久了，狗一听到铃声就知道有食物可吃，这时狗获得这一消息不是通过真正的食物，而是铃声。在工具阶段，表现为生物体借用外界的力量获取自己想得到的东西。比如说黑猩猩看到树上的香蕉，伸手够不到。它看到旁边有根棍子，于是就用棍子把香蕉从树上打了下来。工具阶段的关键，是借用工具实现对外在世界的控制。黑猩猩之前或许没有吃过香蕉，即使吃过也许早已忘记，或者说它根本没有想到打下香蕉是为了饱餐一顿。总之，黑猩猩用棍子打香蕉和它是否要吃香蕉没有必然的联系，但是，用棍子打香蕉这一连串的行为终于发生了。在符号阶段，生物体开始赋予符号一定的意义，并借用符号实现对外界有意识的控制，这正是人类心智活动的表现。黑猩猩的心智活动绝大多数限于简单反射和条件反射阶段，偶尔也可进入工具阶段。可是，如果想让它进入符号阶段却很难。科学家用实物、图像、颜色训练黑猩猩，想让它像人类那样掌握一系列符号。经过长时期的训练，它们也只是学会了几个简单符号而无法继续扩大。因而，尽管黑猩猩已经具备较高的心智能力，但由于它们的心智活动没有进入到符号阶段，所以从根本上讲不可能产生语言，当然也就不会使用语言。而人类却可以凭借已经进到符号阶段的心智活动发明、创造并使用语言。

人类之所以会有语言，原因之三是人类族群性、社会性的存在方式。人，论力气比不上牛、熊，论奔跑速度比不上斑马、羚羊，论攀爬能力比不上猴子、松鼠，论牙齿锋利比不上老虎、狮子。人，既不能像鱼那样在水中自在地游来游去，也不能像鸟那样在天空中毫不费力地飞来飞去；既没有狗那样灵敏的嗅觉，也没有猫头鹰那样在黑夜中也可以辨识秋毫的视力。但是，人类具有其他物类所没有的族群性和社会性。正是凭借这种特殊的存在方式，人类可以相互交流、协同劳作，并在统一的行动中刺激语言的使用和发展。一次次的集体劳动实践增进了人类相互传递信息的准确性和约定俗成性，语言也在一次次的社会实践活动中生成、发展、完善。

人类学家推测人类使用语言的历史进程：首先是手巧的人（homo habilis）的出现，即能使用工具的人，根据其化石定在180万年到240万年前；其次是直立的人（homo erectus），根据其化石定在30万年至150万年前；最后是智慧的人（homo sapiens），根据其化石定在从35万年前开始。

手巧的人，即能人，脑容量明显增大。在他们的脑壳里，考古学家发现了布罗卡区的凸起部分。布罗卡区是人类语言产生的必备的大脑区域，从大脑的进化上看，能人大概拥有了人类最基本的语言神经通道。直立的人，其脑容量从600～750毫升增长到800～1000毫升，更大的脑容量使直立人能在自然界中完成空前的发明创造，并且具有了发出有意义的声音的可能。考古发现，晚期的直立人，或者说早期的智人，已经能够有计划地在一起狩猎，并已形成颇有秩序的聚居生活和工作的区域①：

1995年，在马格德宝西部的舍宁根附近，在数以千计被屠杀的马骨头和很多篝火底部中间发现了五把有40万年历史的长投掷矛。在另一处遗址，耶拿附近的比尔青斯雷本，似乎也有至少41万年到42万年前的长期直立人居住地，并且还有宽度为3到5米的"房子"和一个很大的、一定是用于集体仪式的平铺的区域，还包括集中的和分散开的人类遗迹。这个遗址提供了世界上最大的人工骨头制品的集合地，还表明制造骨头、木头和石头的人类加工厂是确实存在的。

它提示我们，当时若没有相互交流、统一行动的语言的存在，40万年前的这一复杂社会图景是根本不可能出现的。

在人类语言起源的历史上，有两个核心问题：一是词怎样出现的？一是句法怎样产生的？

---

① ［新西兰］斯蒂文·罗杰·费希尔：《语言的历史》，崔存明、胡红伟译，中央编译出版社，2012年，第26页。

直立人能够说出一些简单的词，如 hunt、look、dog、cow 等，或许还会增加一个音节如 ed、s 来表示不同的意思。由于发音器官的进化，他们能够更好地控制气流，或许还会改变其中的一个发音，如把 dog 说成 fog，把 cow 说成 low，从而形成另外一个词语，表达另外一个意思。他们能够把词进行简单的组合，如把 big 和 dog 组合，把 eat 和 apple 组合，从而表达更丰富的思想。可以说，在直立人那里，人类语言的普遍性特征基本上已经呈现。

在直立人和智人之间，我们还应该提到尼安德特人。从目前发现的尼安德特人的舌骨化石来看，他们的舌头和后来的智人舌头一样灵巧，这暗示了他们已经可以经常地、流利地说话。进一步增长进化的大脑，使他们可以制定一些短期的目标，并尝试去分析和评价这些目标。从词的方面来讲，他们不仅拥有更多的与现实世界一一对应的实词，也拥有了一些抽象的在现实世界中无法参照的虚词；从句法方面来讲，通过对实词和虚词的巧妙组合，他们能表达更细腻的思想。一些趋向动词、方位介词、疑问词、感叹词频频出现，一个个通过一定句法联结的表达稍稍复杂思想的句子就这样出现了。

智人 1400 毫升的脑容量已经接近现代的人类，从其他生理结构来看，他们拥有今天人类说话所具备的身体特征。大约在几万年前，智人进入了一个加速的人类进化时代。他们用骨头、象牙、石头和木头制造出各类手工制品，用点、线、几何图形记载着大自然季节的运行与时间的流逝。在许多山岩洞壁中，他们用各种色彩绘制出一幅幅美妙的图画，用刻刀雕刻出一个个凹凸有致、错落有序的图案。可以说，人类进化到这一时期，已具备清晰的语言表达能力。他们不仅能用语言描述、规划现实世界中已经发生和将要发生的事情，还可以借助语言展开联想，去做一些抽象的逻辑推理和纯粹心灵世界的感悟。人类基本上已经能够利用语言把握这个世界了。

有一种观点认为，语言产生于人类对外界声音的模仿。在自然界，每种动物都有属于自己的叫声，人类加以模仿，于是就出现了指称相应动物的语言。如汉语中 māo（猫）、yā（鸭）、bùgǔ（布谷鸟）这三个语言符号，就是从对现实世界中猫、鸭、布谷鸟叫声的模仿而来。这种解说有很大的不足，因为现实世界中除了猫、鸭、布谷鸟，还有其他许多动物，如猫头鹰、狼、猪、狗等，人类对它们的命名就不是模仿其声音。再者，除中国外的其他国家，比如英国，人们把猫叫 cat，把鸭叫 duck，也不是通过摹声的方法创造语言。而且，人类语言除了可以指称能叫的动物一类，还存在大量的可以指称无声植物的词汇，甚至可以表达不可见、不可闻的抽象概念。面对这些语言内容，摹声说又该怎样解释呢？

与摹声说观点相近的，还有感叹说。事实上，感叹说犯了与摹声说同样的错误。因为语言中的感叹词毕竟很少，面对语言中那些大量的非感叹词，感叹说无疑会捉襟见肘。

劳动叫喊说认为，语言产生于人类劳动过程中伴随劳作的叫喊，这些叫喊先是变成劳动号子，之后演变为原始语言。其实，劳作中的叫喊是为了协调劳动者的动作、减缓劳动疲劳而发出的类似动物的叫声，它不但与劳动的具体对象无关，其中也不蕴含任何劳动的意义。而且，几个简单的劳动号子是怎样演变成众多的语言符号这一语言产生的关键，也得不到合理的解释。

还有一种说法，认为语言产生于社会契约。什么是社会契约呢？就是大家共同订立一个人人遵守的社会规则，语言的社会契约就是在语言的使用上，制定一个用什么音代表什么义的语言规范和标准，大家按照这个规范和标准来进行交流，于是语言就产生了。这种观点也是欠妥当的。因为大家制定社会契约，首先要有一种共同商约的工具作为前提。如果当时有这样一种可以共同商约的工具，说明当时的人们已经有了可以相互之间进行交流的语言，既然有了语言，何必要再创造另一种语言呢？如果当时没有这样一种可以共同商约的工具，就意味着连共同商约的机会和可能都不存在，既然这样，社会契约下的语言又怎么可能出现呢？

在众多的有关语言产生的观点中，手势说的影响算是最大的了。这种观点认为，人类最初的语言是手和身体所形成的各种动作，人类最先就是依靠这种无声的手势语进行交际的。手势语来自生产劳动中形成的各种各样的劳动姿势，不同的劳动姿势构成不同的语言符号，从而表达不同的意义，人类以此满足日常交际的需要。后来，人们在手势语的基础上，逐渐创造发明出音义结合的有声语言。从生理学和人类学方面看，手势语具有一定的科学依据[①]。比如，从人类个体的生长发育看，儿童对手势、身体姿势、面部表情所传达意义的理解先于对有声语言的理解；人类的祖先——猿，用它们发明创造的手势语进行交流，有许多手势语与现代类人猿相同，而现代类人猿除了用简单呼叫进行交往外，也用简单的手势彼此传递信息；大脑神经心理学认为，人类胚胎中支配手的活动的大脑中枢发育得比较早；黑猩猩尽管不会说话，却能掌握手势语，使人与受过训练的黑猩猩可以用手势语进行简单交流；美国西部草原上喀罗人至今还借助手的动作、身体姿势、面部表情进行长时间日常交际；在玻利维亚丛林中，有一个四万人组成的印第安人部落，他们没有一个人能像我们一样发出有声语言，却能用手势语进行长时间的情感和思想的交流。在澳大利亚的某些居民中，除了使用分音节的有声语言，还使用一种十分复杂的手势语：如果两个人相距较远，说话声音很难让对方听到，他们就用手势语代替有声语言；如果一个妇女的丈夫死了，她在守寡期间，也只能用手势

① 凌步程：《奥妙无穷的语言世界》，天津教育出版社，2014年，第9页。

语进行交际。一位人种学家还对澳洲阿兰达部落所用的手势语进行了研究，发现这个部落的手势语共有四百五十多个，它们不但能指称具体的事物，在一定程度上还能表达抽象的概念。如果表达“你的兄弟死了”这个意思，他们就借用三个手势语：第一个是表示“兄弟”的手势符号，第二个是表示“已经”的手势符号，第三个是表示“死亡”的手势符号。三个手势连续地做出来，“你的兄弟死了”的意思就成功地传递给对方。由此可以看出，人类语言产生于手势语的说法，较摹声、感叹、劳动叫喊和社会契约更具有合理性。

不过，目前对语言如何产生远没有形成共识，因而手势说也仅是代表了部分人的观点。有人认为，每一种动物都有仅属于自己物种内部的独特的信息传递方式，如蜜蜂的舞蹈，萤火虫的闪光，蜘蛛的振动波，海豚的超声波，鳗鱼的电流，蟋蟀摩擦翅膀，白蚁头击洞壁，鸟儿婉转歌唱，它们对信息传递方式的掌握都是与生俱来的。因而，人类的语言也是人类所特有的，它并不存在一个由摹声、感叹、叫喊、手势到真正人类语言的逐渐演变进化的过程。基于这样的认识，人类最初的语言从一开始就是有声语言，就是意义的结合体，就和人的思维能力联系在一起，就具备语音、词汇、语法这三个要素。这种说法事实上是在故意回避对语言产生问题的探求，最终只能把语言归结为神授或人类在远古某一天的突然顿悟。世界各地频繁出现的狼孩、猪孩、熊孩、猴孩的故事说明，即使是人类的后裔，不经过人类社会和语言的实际学习与反复实践，也不可能掌握人类的语言。人类语言的产生，肯定是一个漫长的进化过程。

阅读材料：

一个语言化了的世界——对城市生活的文学沉思①

很长一段时间里，我都深深地陷于语言的重围之中。我曾经认为那只是和我的职业及生活方式有关，一开始并没有由此去推想别人是否也如此。虽然我日益厌倦这种和实际生活严重脱离的状态，时时想投入到另一种更为活跃、动荡、充满感性色彩以及可能性的生活方式里去，但由于积习已深，思想的固执和语言化倾向总是一再妨碍我，使我对自己的某些试图远离语言的行为产生怀疑。我甚至不无沮丧地以为：我已被语言所异化，无可救药了。

这种无可奈何的感觉是如此强烈，一度使我萌生仇视写作的冲动。我的一位朋友多次向我指出不要过分迷恋乃至崇拜语言；她说语言不是一切，别以为语言背后一定有一个与之相同的真实世界，再说真实世界肯定要比语言的描

---

① 吴亮：《一个语言化了的世界——对城市生活的文学沉思（五）》，《文艺评论》，1987年第5期。

述有价值得多。她还希望我尽可能地远离文字操作，恢复业已废置了的感性，别把自己弄成一个单向度的人；特别不要以为能娴熟地驾驭文字就等于驾驭了一切——生活和世界都是远远地丰富于语言的。我的朋友这样反复强调。

应当说，这番话确实引起了我的反省，尽管我努力为自己辩护，然而没有什么比这种辩护更无力的了。继而我想，“语言化”是否仅仅是我个人的状态呢？于是，一种根深蒂固的职业本能再度促使我以此为动力，产生了写这篇文章的愿望。

其实我们都被来自各个方向的各种语言包围了。我们的用语已失落了个性，成为到处流通的交际货币。新闻用语、日常用语、商业用语、技术用语、行业用语几乎覆盖了城市生活的每一个角落；甚至我们本来最应该个人化的知觉、感情、想象、动机，也被某套通行的习惯化了的语言包装起来，成为可以相互交换的东西。城市文明生活中的任何方面都可以用语言来予以陈述并获得必要的解释及评判，我们可以坐着一动不动地仅以谈话的方式来决定行动，以至谈话本身就因此成为最重要的行动。城市里愈来愈多的人，行动能力大大地退化，而他们的语言能力则大大地发达起来；或者说，他们的行动能力已经不可逆转地表现为语言能力了。语言是如此的神通广大和无所不在，差不多成为城市人彼此合作、协调关系、利益分享、业务介绍、工作商谈、社交活动和私人往来中的全能通信者，它是须臾不可离的重要媒介，达到目的的工具，沟通的途径，它根本上已成为一种时刻存在着的生活方式。

城市语言永远是不定型的，新词涌现在每一个早晨，流行语像潮汐一样涨起又退下，人们备受形形色色支离破碎生命短暂的语言冲击。新闻用语愈来愈简短，试图抓住人们的注意力；生活中的日常用语不断自我淘汰，花样翻新；商业用语在电视广告和报纸广告中频繁出现，几乎形成了某种特定的句式和格调；技术用语日新月异，还借用了无数外来词；行业用语则几乎成了“黑话”——我们就生活在这么一个丧失了个性也丧失了单纯性的语言超级市场里，只听到各种叫卖声和临时的成交谈判声不绝于耳，而我们谁也不能例外。在这个被语言装饰得光怪陆离的超级市场中，还处处充斥着文字标记、文字指示牌、文字示意图、文字招贴、文字标价和文字说明，文字重重叠叠使我们看不清文字所指的事物。对文字的信任就成了对文字的盲从，我们除了文字又能相信别的什么呢？新闻、广告、宣传、虚构，就是这样乘虚而入并进一步强化人们的依赖性的。

于是人们就靠语言文字的中介来接触世界、了解真相和各种与他们有关的事件的动向了。对他们来说，语言文字是最好的缩略方式。

因为靠语言文字的广泛阅读，城市人不再受地域和时间的束缚，可以把他的视线和想象投向世界，他可以不经过自己的亲历，知道超过个人经验千百倍的人生和事件。这样，城市人对任何事物的评价指标就能够定得很高。因为语言文字向人们介绍得太多的缘故，城市人中眼高手低者已成为一种潜在的多数派。这些看得多做得少的人就很自然地变得口味挑剔，眼界极高。他们受了语言的影响，把对世界的语言陈述等同于世界本身，进而把议论生活等同于生活本身。城市中有一大群以语言为谋生手段的人，他们纯粹是生活在语言之中，并通过他们的努力，把全体城市人的生活都渐渐地引向不同程度的“语言化”。教授、律师、记者、作家、播音员、电视节目主持人，他们以各自的语言方式影响了城市人对整个世界的理解。他们彼此模仿和援引，形成了一套因不断重复而得以强化的语言模式。

……

由于大家都知道得很多，交流就因为重复太多而显得困难了——寻找一个什么新鲜话题呢？在描述一件新鲜事的时候，冗长的、附加的、起承转合的语句就成为多余的冗词赘语。为了追求效率，城市人说话变得日益经济和简要，慢悠悠的闲聊是件过于奢侈的事了。人们要求在最短的时间里听到尽可能最多的消息；于是，摘要性的语言，片断性的语言，甚至是不完整的语言盛行起来了。书摘、文摘、几秒钟的广告用语、电报式短句、言简意赅的通信、便条、三言两语的电话，都是城市语言交流实用化和经济化的反映。

城市生活的瞬息多变，相应地使那些用来陈述它们的语言拥有一种短暂的“当前性”。量多面广的新词汇和新句型，成为一阵又一阵的语言浪潮，几乎要把人们淹灭。语言的商业化、新闻化和大众化，使语言的纯度受到无情的削弱。实用，有效，快速，通俗易懂，使城市语言在极度丰富的同时又显得苍白单调。城市人都是见多识广的人，而他们见多识广则是借助于语言，因此他们的亲历恰恰是见少识窄的。城市人都能说各种各样的事，然而几乎没有一件事他是知道得完整的，那是由于更新的语言陈述总是把他引诱过去，使他不可能长时间地把注意力停留在某一特定的语言陈述里。城市人都是能言善辩的，但是他们中间极少有自己系统思想的人，因为各种各样的系统思想都仅仅在他的大脑表层划出一道浅痕。城市人中擅长交际的人大大多于从事研究的人，那是由于交际仅仅需要肤浅的多样性和灵活性，并不要求对某一领域有专门的深入研究。而城市语言的芜杂显然是有助于人们的语言交际技巧的。

……

第二章
语言本质及演变

人不再生活在一个单纯的物理宇宙之中，而是生活在一个符号宇宙之中。语言、神话、艺术和宗教则是这个符号宇宙的各部分，它们是织成符号之网的不同丝线，是人类经验的交织之网。人类在思想和经验之中取得的一切进步都使这符号之网更为精巧和牢固。……在某种意义上说，人是在不断地与自身打交道而不是在应付事物本身。他是如此地使自己被包围在语言的形式、艺术的想象、神话的符号以及宗教的仪式之中，以致除非凭借这些人为媒介物的中介，他就不可能看见或认识任何东西。……因此，我们应当把人定义为符号的动物（animal symbolicum）来取代把人定义为理性的动物。

——［德］恩斯特·卡西尔

《人论·符号：人的本性之提示》

第一节 人类语言的创联本质

一、语言的基本特性是意义联系

人类极端吝啬“语言”这一称谓。在我们看来，世界上只有人类发明的话语才配得上“语言”一词，其他物种发出的声音均不能称之为“语言”。这绝不是人类蔑视其他物种，而是基于科学认知的事实。

当然，认可这一事实并不否认以下现象，动物语言有与人类语言相类似的地方。比如说，动物也可以像人类那样发出一些声音，相互之间传递一些信息。科学家曾记录大象的 25 种叫声，并解密了其中 15 种声音所代表的不同意义。如果它们想在一起嬉戏，就呼朋引伴地发出一种高亢的叫声；如果小象遇到危险，就呼救似的发出一种尖锐的叫声。如果一只象生病了趴在地上，其他的象就用嘴和长鼻子给它带去水和食物，并发出隆隆的声音安慰它、鼓励它，还时常用长牙帮助它站起来。它们还会发出一种人耳听不到的低频率的隆隆声，这是表示问候、爱意或前进的信号。然而，这些交流感情、传递信息的叫喊，在实质上与人类语言有天壤之别。

虽然大象的叫喊与人类语言有些相似，但我们无法对大象发出的声音进行人类语言意义上的，诸如音素、音位、音节、词素、词、词组、句子方面的分析。对于大象而言，发出这些叫喊、表达这些意义，多是一种先天遗传。无论大象产自什么地方，它们的叫喊声基本一致，因此它们彼此之间可以相互交流。人类的语言不仅依赖其后天的学习才可获得，而且不同的地域有着不同种类的语言，相同的意思需要用不同的表达方式。如果不是相互学习，我们根本不可能彼此交流。更重要的是，人类的语言具有以有限词汇生成无限意义的特性，这是包括大象在内的所有动物远远无法企及的。

任何一种人类语言都有一定的声音系统，每种声音背后都隐藏着对应的意义。借用符号一词来形容的话，语言始终表现为一种音义结合的符号系统，符号化是语言的重要特性。人类创造发明语言，用一种音义结合的方式，把一个复杂的事物借助极简单的形式表现出来，建立并形成一个既与现实世界相对应又超越现实世界的意义联系与表达系统。从此，人类可以用语言符号复制、拷贝现实世界，并且利用语言符号重构一个精神的世界。人类可以利用语言符号彼此进行交流，并且把它作为共同劳作的信息工具，去改造自然，去发明创造，最终建造出一个更适宜人类居住的世界。

当人类驱使着自己发明创造的语言符号，倾尽这一工具的不同功能时，将会出现怎样的结果呢？这就是文化的出现。德国哲学家卡西尔说，人类凭借语言符号，不仅生活在更为宽广的实在之中，而且还生活在新的实在之维中。正是这个新的实在之维的出现，人类的生活不再是单纯的物理宇宙，而且是一个抽象的符号宇宙。人的符号活动能力进展多少，物理实在就相应地退却多少。“他是如此地使自己被包围在语言的形式、艺术的想象、神话的符号以及宗教的仪式之中”[①]。所有“文化形式都是符号形式”，“只有这样，我们才能指明人的独特之处，也才能理解对人开放的新路——通向文化之路”[②]。

二、语言的功能及功能发挥

如果把人类社会比作一张网，那么，织成这张网的一条条丝线就是语言。人类通过语言交流合作、发明创造，通过语言回忆过去、遥想未来，人类用语言构筑着自己特殊的生存样式。历史的进步，社会的发展，是人类踩在一块块语言的基石上向前行进的结果。人类精神世界的构筑，也是由人类发明的语言层层累积而成的。如果没有语言，就没有人类的思维和智慧，就没有超级发达的大脑，人类也就不会成为地球的主宰。

人类用语言来编织文化之物，文化又借助语言为人类提供内在的秩序、理念和各种生存范式。文化的提升和发展始终离不开人类创造的语言。自从有了语言，人类的认知之火被充分点燃，并以不可遏止的燎原之势迅速蔓延。人类历史上一次次的认知革命就这样发生了。

---

① ［德］卡西尔：《人论》，上海译文出版社，1985 年，第 33 页。
② 同上注，第 34 页。

在通常意义上，我们一般主要从人与人、人与世界的关系探讨语言的功能，这表现为以下三个方面。第一，语言是人与人交流感情和传输信息的中介。可以说，这是包括动物在内的语言所具有的基本功能，也是人类语言最原始的功能。用语言交流感情、传输信息，是人类生存的基本方式之一。它作为社会的黏合剂，是把人群聚合为集体的必要方式。反过来说，那些平日默不作声的人多半是离群索居、不被集体认可的人。感情的交流可以用普通的语码，但信息的传输却多少要用到专业的语码。第二，语言是人类认知世界和描写世界的工具。人类对世间万物都有一个命名，如鸟、兽、云、电、山、水、原子、中子、神、鬼，借助这些命名，人类开始认知宏观和微观、现实与想象中的世界。语言用作描写世界的工具，特别体现在以人物形象为刻画中心的文学艺术中。文学作为语言的艺术，最具备这一功能。第三，语言是文化信息的载体和储存文化的容器。人类的社会实践，在实质上是一种文化的展演。语言的前两种功能，使人类语言承载文化和储存文化成为可能。“从文化的进程看，人类从呼叫到言语，从只有口语到既有口语又有书面语，从抄写到印刷再到电子技术的信息传输，直到兼有图像和音响的传输，语言的可及面和可及速度大大提高了。信息时代的到来，向语言提出了新的要求。传输的远程化、迅捷化、多维化、机储化、捷俭化和普世化，已经开始对教育和科学研究产生根本性的影响，而这种影响必将越来越大。作为信息载体的语言也将享有日益扩大的功能，这是可以预卜的。”①

英国语言学家韩礼德（Halliday）观察了儿童语言发展的七种功能，分别是工具功能、控制功能、表达功能、交互功能、自指性功能、探索功能和想象功能。当然，还有其他的一些功能分类，比如胡壮麟《语言学教程》把它分为信息功能、人际功能、施为功能、感情宣泄功能、娱乐功能、元语言功能。在这里，我们特别提一下施为功能、感情宣泄功能和娱乐功能。

所谓施为功能，常表现为一种非正式化的，有点类似仪式的通过语言以期对其他事物加以控制、从而达到自己某方面目的的功能。如下水仪式上对船的命名、对敌人的诅咒，或教堂、寺庙中的祈祷等。民间有这样一种风俗行为，当孩子们把碗或盘子打碎时，家长们常说上一句“碎碎平安”，以此作为对打碎东西可能带来对自己生活不好影响的神秘不可知力量的控制与驱除。所谓感情宣泄功能，不同于人与人之间的感情交流，它常常是一个人在特定情境之下的内心独白，以此促使自己做出某种决定，驱除自己的心理恐惧，平衡焦躁不安的心态，对自己的内在心灵进行拷问或对人生、世界进行思索。莎士比亚戏剧《哈姆

① 许国璋：《语言的定义、功能、起源》，《外语教学与研究》，1986年第2期。

雷特》中，当哈姆雷特看到自己的母亲在父亲去世不到两个月的时间就嫁给了篡夺王位的叔叔时，他感慨地说：“脆弱啊，你的名字叫女人！”这便是语言的感情宣泄功能的体现。所谓娱乐功能，是指人们使用语言的活动本身就是目的，其间并不要求交流、传递、认知语言之外的其他东西，人们仅是在语言活动中自然地享受到语言使用的乐趣。此时，工具同时成了目的，目的与工具合二为一，比如绕口令和某些文字游戏。这说明，人类语言行为既有实用性的一面，又有非实用性的一面，语言也有审美的功能。

语言的功能发挥，指语言在作为一个符号系统的基础上实现语言功能的基本方式。说语言是一个系统，首先在于语言包括一系列的语言元素。从声音层面来看，它有音素、音位、音节等元素；从意义层面来看，它有义素、词义、句义以及数、性、格、时、体、态、式等元素；从音义结合的层面来看，它有词素、词、词组、句子、句群等元素。它们是构成语言系统的基础。语言之称为系统，还在于语言的所有元素都具备两种基本的关系：组合关系和聚合关系。凭借这两种关系，人类可以用有限的语言符号组成无限的句子，从而表达丰富的意义，最终实现语言的多种功能。

组合关系是在同一层级上组合起来的各语言单位之间所形成的关系。比如“花”和“红”两个词，可以组成“花红”

这一语言表达方式，那么，这两个词之间的关系就是组合关系。聚合关系是语言结构的某一环节上能够相互替换、具有相同作用的各语言单位之间所形成的类的关系。就“花红”这一语言表达方式来说，我们可以用“柳”“春”“冬”来代替“花”，用“绿”“暖”“寒”来代替“红”。在这里，“花”“柳”“春”“冬”处在同一个语言结构的相同位置上，它们之间可以互相代替，并具有相同的语法功能，于是它们之间便构成聚合关系。同样的道理，“红”“绿”“暖”“寒”构成聚合关系。组合关系和聚合关系的存在，使语言系统发挥其种种功能成为现实。

三、语言的本质是创联

人类语言是一种音义结合的符号系统，但符号性并不是人类语言的本质，它只是人类语言的表现形态和存在样式。

人类与自己发明创造的语言是不可分割的。甚至可以说，语言成了人之成为人的标志。没有语言，人类便不存在；只要有人类存在的地方，就不可能没有人类的语言。

那么，语言究竟是作为一种什么东西存在于人类的发展演化之中的呢？或者说，它是作为一种什么力量推动着人类社会不断进步的呢？马克思说，人的本质不是单个人所固有的抽象物，在其现实性上，它是一切社会关系的总和。依马克思的观点，既然人的本质是社会关系，那么作为决定人之所以成为人的人类语言，当然也是社会关系存在维系的必备条件。换句话说，人类语言是社会关系生成建立的基础。那么，是什么促成了社会关系，或者说，在什么条件下才能生成社会关系呢？我们认为，只有在人与人之间存在着交往和联系的时候，才能生成社会关系而交往和联系离不开语言这个媒介。这也就意味着，人类语言的本质首先是建立和形成联系：人与自然，人与社会，人与万物，人与自身。在此基础上，语言的能动性展现为人的创造性联系和想象。只是在语言——联系存在的时候，才有社会关系，才有人类。

自从语言推动的认知革命爆发后，人类沿着想象、虚构的道路飞速前进。人类与非人类的区别便逐渐显现在是否具有想象和虚构的能力上。人类学家尤瓦尔·赫拉利在描述认知革命带来人类新发展时说道：

在认知革命之后，传说、神话、神以及宗教也应运而生。不论是人类还是许多动物，都能大喊："小心！有狮子！"但在认知革命之后，智人就能够说出："狮子是我们部落的守护神。""讨论虚构的事物"正是智人语言最独特的功能。

相较之下，大部分人都会同意只有智人能够谈论并不真正存在的事物，相信一些不太可能的事情。如果你跟猴子说，只要它现在把香蕉给你，它死后就能到某个猴子天堂，有吃不完的香蕉，它还是不会放手。但这有什么重要？毕竟，虚构的事物可能造成误导或分心，带来危险。某甲说要去森林里找仙女或独角兽，某乙说要去森林里采蘑菇或猎鹿，听起来似乎某甲就是活命机会渺茫。而且，我们都知道时间宝贵，拿向来根本不存在的守护神祷告岂不是一种浪费？何不把握时间吃饭、睡觉、亲亲抱抱？

然而，“虚构”这件事的重点不只在于让人类能够拥有想象，更重要的是可以“一起”想象，编织出种种共同的故事，不管是《圣经》的《创世记》、澳大利亚原住居民的“梦世记”（Dreamtime），甚至连现代所谓的国家其实也是种想象。这样的虚构故事赋予智人前所未有的能力，让我们得以集结大批人力、灵活合作。虽然一群蚂蚁和蜜蜂也会合作，但方式死板，而且其实只限近亲。至于狼或黑猩猩的合作方式，虽然已经比蚂蚁灵活许多，但仍然只能和少数其他十分熟悉的个体合作。智人的合作则是不仅灵活，而且能和无数陌生人合作。正因如此，才会是智人统治世界，蚂蚁只能吃我们的剩饭，而黑猩猩则被关在动物园和实验室里。[①]

然而，无论是想象还是虚构，就其实质而言，是人类完成认知革命的一种创造力的表现。也可以这样说，创造性地联系、联想是一切想象、虚构的根本属性。正是在这个

---

① ［以色列］尤瓦尔·赫拉利：《人类简史》，林俊宏译，中信出版社，2014年，第25～26页。

意义上，我们说语言的本质是创联——创造性地在客观和主观、实在与虚拟、人与万物以及人与万物的过去、现在和未来之间建立一种系统的联系。这是人类建立社会关系、搭建认知构架、赋予万物及自身以意义的根本所在，也是语言创联本质的最终归属。

第二节　语言的发展演变

同世界上其他事物一样，人类语言也处在不断的发展演变之中。不过，对于自语言创造伊始到文字发明之前的这段历史，由于没有留下可考遗迹，我们实在无从知晓语言的演变轨迹。这一客观现实，决定了我们对语言发展演变所做的种种分析，仅是基于文字发明以来人类语言的发展概况。

一、语言演变的内容、原因及一般规律

简单地说，人类语言演变的内容可从三方面加以说明。首先是语音的演变。比如在古代，汉字有平、上、去、入四大调类，每一调类又区分为阴、阳两种，于是形成阴平、阳平、阴上、阳上、阴去、阳去、阴入、阳入，称为四声八调。而在现代普通话中，入声没有了，上、去两个调类也不再分阴、阳了，只剩下阴平、阳平、上声、去声四个声调。声调的这个历史演变，被人们概括为“平分阴阳，入派三声”。其次是词汇的演变。这又分为两个方面。一是词义的演变。

比如“走”字在古代汉语中是跑的意思，在现代汉语中却是行走的意思。“兵”在古代汉语中是武器的意思，在现代汉语中则主要指战士。“小姐”这个词，在中华人民共和国成立前，是对上层社会未婚女子的称呼，其中含有出身高贵的等级观念；中华人民共和国成立后的三十年，如果称呼未婚女子为“小姐”，则带有歧视；改革开放后，“小姐”一词成为对年轻女性的尊称；近些年来，由于服务行业中“三陪”现象的出现，如果把从事服务业的年轻女性称之“小姐”，又带上了贬义。这些都是词义演变的例子。二是词的产生和消亡。比如在辛亥革命以后，“天子”“宰相”“朕”“太傅”“翰林院”“国子监”“贡院”“进士”“举人”等封建时代的用语逐渐绝迹，而新出现的“主席”“总理”“部长”“社科院”等现代用语日益被人们接受并频繁使用。三是语法的演变。比如古代汉语中经常出现实词活用现象，“一狼洞其中”的“洞”是名词用作动词，“项伯杀人，臣活之”的“活”是动词的使动用法。现代汉语没有这类活用现象，相应的意思则分别用“打洞”“使……活下来”来表示。古代汉语中经常用“……者，……也”句式表示判断，如“陈胜者，阳城人也”。现代汉语中则直接用“是”连接前后两部分，表示为“陈胜是阳城人”。古代汉语中经常出现宾语前置的句法结构，如“吾谁欺”。现代汉语则采用正常语序，表示为“我欺谁”。古代汉语虚词数量少，现代汉语虚词数量增加。比如“着”“了”“过”

等虚词在现代汉语中大量使用，使语言的时态表达功能变得简单明了，这在古代汉语中是没有的。

语言发展演变的原因很多，社会的进步、民族文化的交流、地域的隔绝等都会引起不同程度的语言变化。随着生产力的提高和经济的发展，新事物不断涌现，新的词汇大量出现，它们开始主宰人们的日常生活。同时，旧事物由于逐渐失去用武之地，旧式词汇的使用范围也就日益受到限制，并将慢慢地退出历史舞台。不同的民族有不同的语言，民族之间的接触会引起文化的交流。在交流中，他们会相互吸收对方特有的词汇、特殊的发音或惯用的语法。比如中国在与印度的相互接触中，就从印度佛经中吸收了大批佛教用语，如“佛”“禅”“塔”“菩萨”“金刚”“刹那”“罗汉”等。今天，这些印度佛教用语已成为汉语的组成部分。近代以来，随着中国与一些英语国家的文化交流，一些英语音译词，如啤酒（beer）、咖啡（coffee）、巧克力（chocolate）、沙发（sofa）、扑克（poker）、吉普车（jeep）、引擎（engine）、沙龙（salon）、歇斯底里（hysteria）、幽默（humor）、逻辑（logic）、模特（model），早已成为汉语中颇具活力的词汇。由于自然环境或政治因素而引起的地域隔绝，也会成为同一种语言发生变异的催化剂，千姿百态的地域方言的产生就是由此引起的。除此之外，剧烈的社会变动、科学技术的进步、人类思维能力的提高和交际的实际需求都可能促成语言的发展演变。

语言的发展演变是一个缓慢的过程，即使一个新出现的词，能否被人们接受，能否成为今后词汇中的一员，也需要经受时间和空间的考验。所谓时间的考验，指新词出现后，我们无法立即判定它能否被人们接受，它的去留要看人们是否长时间地使用它。所谓空间的考验，指新词能否最终被接受，不是由一个人的主观意愿决定的，而是需要得到大家的共同认可。语言发展演变的这一规律，是语言约定俗成特性的表现。比如汉语中的“呆板”一词，本来的读音是 áibǎn。可是，绝大多数的人在长时期内都读 dāibǎn。后来，为了尊重大众的读音习惯，从 1987 年开始，国家正式规定这个词的读音为 dāibǎn。“荨麻疹”一词，本来的读音是 qiánmázhěn，绝大多数的人都读 xúnmázhěn，于是国家也不得不规定“荨麻疹”读为 xúnmázhěn。在语言的语音、词汇、语法三个组成部分中，对社会变化最敏感的是词汇，因而它的发展演变也最明显。比如邮编、BP 机、电话、手机、电脑，都是几年之内就被人认可的新词。与词汇相比，语音的演变慢得多，以至于我们根本感觉不到语音处在变化之中。前面提到的“平分阴阳，入派三声”的语音变化，是经历了几百年的时间才完成了的。在一些汉语方言区，至今还保留着入声，这足以说明语音演变之慢了。语法具有比语音更强的稳定性，因而语法的发展演变最慢。“主——谓——宾”的句法结构在中国最早的甲骨文字中就已出现，现在依然是人们主要应用的句法。语言具有很强的民族性，各民族的语言在构成上并不完全一致，这就决定了语言发展演变的规律也是不尽相同的。比如英语、俄语中没有量词，而汉藏语系中有量词，对于前者，就不存在量词发展演变的问题。汉语是有声调的语言，因而存在声调方面的发展演变；那些没有声调的语言，当然也就不存在这一类的语音演变。

二、语言演变的历史趋势

语言之所以发展演变，最重要、最直接的因素恐怕是人类生产力的进步。由于生产力的进步，导致生产关系的变化，生产关系的变化又会引起王朝的更替、社会的分化与整合。从世界的角度看，还会带来不同民族的交流与合作，不同民族与国家的战争与冲突。总之，生产力的进步促使着人类社会每天都发生着沸沸扬扬的新变化，语言就在这种日新月异的变化中不断地改变着自己。

1.语言种族壁垒渐趋模糊。人类最初的语言曾和不同的种族联系在一起的。种族不同，其所使用的语言就可能不同。不同语言的使用与不同起源的种族建立起真正的、实质性的血脉关联。特定的语言结构影响了某一种族特定的思维方式。有学者认为，种族的定义应当直接通过语言给出，种族，即是一个以确定的、独特的语言方式构成的人类群体。美国语言学家萨丕尔说："从拉丁语到俄语，我们觉得视野可及，景象是大体相同的，尽管所处的、熟悉的地势已经改变了。到了英语，我们好像看到山形歪斜了一点，不过整个景象还认得出来。然而，一来到汉语，头上的天都变了。”[①]这说明在萨丕尔看来，世界上的每一种语言都反映了其种族的某种特征。语言的种族性使某种语言的使用很少跨越自己民族的范围。今天，不同种族的加速融合，不同文化的交流与传播，经济、政治上的频繁往来，使作为民族标志的种族语言的使用界限渐趋消逝，以至于普通的人也可以说上两至三种不同种族的语言。于是，这又将冲击着原有特定语言结构下所造就的特定种族思维方式，并促使语言种族壁垒进一步模糊。

2. 语言表现的综合化趋势。传统的语言是由人的口腔发出的音义结合的符号，除了可感的声音之外，我们感觉不到任何其他的东西。之后，人类发明了文字。文字作为人类特殊的语言，在音义的基础上又增加了可视的形体。近现代以来，随着报刊、广播、电影、电视、网络等一系列信息交流的新形式的出现，传统的语言逐渐表现为一种在音、义、形之外配有人物造型、背景音乐、色彩、表情、服饰以及大量图片和动态画面，彼此合作、共同发挥其交流、储藏等功能的多维立体传媒。人类语

① 转引自孙鹏：《英语教育特色研究——英语“一条龙”教学：理论与实践》，四川人民出版社，2009 年，第 77 页。

言的这种动态变化特性，最终使人类语言在功能发挥上越来越精确，在表义内容上越来越丰富，其创联的本质也越来越得到全面地体现。可以这样说，人类语言所传递的信息、情感，对世界的认知和描写，对文化的承载和储存，从来没有像今天这样表现得丰富多样，也从来没有像今天这样以极小的体量潜藏过去无法企及的广大内涵。

3. 智能语言时代的到来。自 16 世纪以来，人类在科学技术方面已成功完成了五次革命，近代物理学的诞生、蒸汽机和机械革命、电力和运输革命、相对论和量子论革命、电子和信息革命，现在正步入新生物学和再生学革命阶段。在突飞猛进的科技生产力的裹挟下，人类智能语言的时代已经到来。比如，人类语言的数字化转换，造就了电脑文档编辑、博客、微博、手机短信、微信等现代传播工具，使人类语言的传播速度、传播范围、储藏容量、储藏时间大大超过之前的时代。利用数字化的语言技术，采用高科技的同声传译系统，人类正跨越语言不通的现实，实现无障碍语言交流。借助人脑与电脑的互联互通，人类或许能将电脑中储藏的所有语言信息传输于人脑，从而省去人类学习语言的劳苦，在一个更高的起点上发挥语言的诸多功能。

阅读材料：

语言机制[①]

我们每个人的大脑中都装有一部“心理词典”和一套“心理语法”，语言就是用语法规则组合起来的词语。若想领悟乔姆斯基的语言机制理论，我们首先要弄清这个理论是解决什么问题的。有些语法规则在婴儿诞生之初就存在于他们的大脑中，他们是天生的“语法专家”。

记者们常说：“狗咬人不是新闻，人咬狗才是新闻。”这其实也是语言本能的真谛：语言的目的就是传递消息。这一串串叫作“句子”的东西不仅仅是触发记忆的工具，让你想起张三、李四或者他们的朋友，然后由你自己填补剩下的内容。这些句子可以告诉您一件事情的来龙去脉，因此，我们可以从精心构建的语言文字中获得丰富的信息。这些信息要远远胜过伍迪·艾伦（Woody Allen）对《战争与和平》（War and Peace）一书的理解。据说，伍迪·艾伦在参加了速读班之后，曾在两小时内读完了《战争与和平》，然后总结说：“它讲的是一些俄罗斯人的故事。”语言让我们知道章鱼如何交配、台布上的樱桃汁该如何去

---

① ［美］史蒂芬·平克：《语言本能——人类语言进化的奥秘》，欧阳明亮译，浙江人民出版社，2015 年，第 75～77 页。

除、塔德为什么伤心、经袜队是否能在缺少优秀替补投手的情况下赢得职业棒球大赛、如何在地下室里造出原子弹、凯瑟琳大帝是怎么驾崩的等各类事情。

当科学家看到自然界中的一些奇妙景观，例如蝙蝠在漆黑的夜里捕捉昆虫，鲑鱼游回出生的河流繁殖后代等，他们会试图探寻其背后的工程原理。蝙蝠的法宝是声呐，鲑鱼则是依循微弱的气味。那么对人类而言，是什么样的奥秘使人具备传递消息（比如说“人咬狗”）的能力呢？

实际上，语言的奥秘并非一个，而是两个，它们与19世纪的两位欧洲学者有密切的联系。第一个是瑞士语言学家费尔迪南·索绪尔（Ferdinand de Saussure）提出的“符号的任意性”（the arbitrariness of sign）原理，即声音与意义的匹配完全是约定俗成的结果。“dog”这个词看起来并不像狗，也不会像狗一样地走路、吠叫，但它完全可以表示“狗”的意思。之所以如此，是因为每一个说英语的人从小就通过死记硬背的方式，将“dog”的发音和它所表示的意义紧紧连在了一起。这一标准化的记忆过程给同一语言社区的成员带来了巨大的收益，使得成员之间可以相互传递概念、表达思想，而且几乎可以在瞬间完成。有时，声音和意义之间的“拉郎配”会显得十分可笑。例如理查德·莱德勒（Richard Lederer）在《疯狂英语》（*Crazy English*）一书中所举的例子：we drive on a *parkway* but park in a *driveway*（我们在停车道上开车，在公路上停车）、

there is no ham in *hamburger* or bread in *sweetbreads*（汉堡包里没有火腿，牛杂碎里没有面包）、*blueberries* are blue but *cranberries* are not cran（蓝莓是蓝色的，但蔓越莓却与鲱斗无关）。不妨设想一下，或许我们可以选择更为“理智”的方式来表示概念，使听者可以透过字词的外形领悟其背后的含义。但是，要创造出这样一套符号系统恐怕并非易事，而且也显得滑稽可笑、不伦不类，它必然会使人们的语言交流变成“看图说词”或者“你演我猜”的字谜游戏。

语言本能的第二个奥秘是威廉·洪堡特（Wilhelm Von Humboldt）所说的“有限域的无限应用”（makes infinite use of finite media），这也正是乔姆斯基语言理论的先导。我们之所以能够区分平淡无奇的“狗咬人”和堪称新闻的“人咬狗”，是因为在这两句话中，“狗”“人”和“咬”三个字有着不同的排列顺序。也就是说，我们是在使用一种代码在字序和思想之间进行转译。这个代码或这套规则，被称为“生成语法”（generative grammar）。正如前文所述，我们不能将这个语法与学校课堂里教授的语法格式混为一谈。

第三章
大语言观与宇宙语言

如维纳所说，信息既不是能量也不是物质。当然这并不意味着信息是可以脱离物质和能量而存在的，实际上它只有依赖于物质和能量才能存在，信息、物质、能量是相互包含的，是一个整体，它们只是对同一个东西在不同层次、不同方面的表达，换言之，是同一种东西的不同表现。因此，如果给信息下个定义的话，那就是：信息是物质、能量和精神的属性或存在模式，是物质、能量和精神的时空序……宇宙万物具有共同的起源，来源于宇宙“奇点”——或可称之为“原始超信息细胞”，因而每一部分也就分有了“奇点”的全部信息，正像生物体来源于种子而都分有了种子中的全部信息一样。宇宙“奇点”以后的整个发展过程并不是对宇宙“奇点”的否定，而是对它的肯定，是“奇点”中潜含的信息的有序显化。宇宙最初产生的那些层次都每时每刻存在于宇宙的每一部分，万物都是由这些最基本的材料构成的，或者说构成万物的基本材料是相同的，因此宇宙最初潜在的信息仍潜含在宇宙的每一部分中作为万物的最基本层次。从这个意义上讲，宇宙“奇点”仍以信息的形式潜在于宇宙的每一部分。

——王存臻、严春友《宇宙全息统一论》

第一节 超越传统意义上的人类语言

如果我们要对人类语言做一个全面、深入的了解，或者说做一种大语言观下的审视，就不能满足于对语言的传统意义上的认知。因为就人类生产生活、虚构想象等物质与精神的各种实践来看，内含创联本质的具备语言属性的东西还有很多，它们均不是单纯的口语或书面语所能概括的，然而却又都是需要加以研究的人类语言的众多组成部分。诚然，由人类口腔发出的音义结合的符号，是人类生存发展所依赖的最主要的创联物，是数百万年人类生息繁衍的最基本的工具。但是，陪伴人类走过漫长生命历程的，的确还有许多我们可能忽略了的其他语言样式。这就意味着，寻常意义上的语言只是我们完善自身、改造世界的创联工具中的一种。世界是复杂、多变、莫测的，人类的需求也是多样、渐进和无止境的。为了能在现实世界中更好地生存、发展，人类创联的形式——语言也必然是多种多样、即时更新、与时俱进的。所以，人类语言，从根本的物理学意义上讲，虽是由人的发音器官发出的通过空气振动传播的音义结合的声波；但从广泛的社会学意义上讲，应该是由人类发明创造的任何传递信息、认知和改造世界的创联方式。正是在这个意义上，我们才有可能跨越寻常意义的物理语言的阈限，驰骋我们的想象、拓展我们的思维，用大语言观去揭示、勾连那每时每刻都在发挥创联本质的众多语言事实。

单纯的口语永远满足不了我们生活的实际需求。遇上数年不见的亲朋好友，相信所有的人都会产生莫名的激动与喜悦。即使我们再善言谈，即使我们掌握了人类最富有表现力的语言，彼时彼境，所有的言谈在一个寻常的人体语言——深情拥抱面前注定会黯然失色。欣赏一段婀娜多姿的舞蹈，其中的情节故事，其中的感情蕴含，是通过舞者的一个动作、一个眼神、一阵疾步等特有的非有声的舞蹈语言传达的。听到他人讲述了一个离奇曲折、温馨浪漫的爱情影片，纵然他的描绘有声有色令人陶醉，可仍旧阻挡不住我们一睹为快的感情冲动。在多数人看来，任何讲述传递的情感与信息，都远不及在影院中身临其境感触电影语言来得痛快、淋漓和丰富。

在古代，中国官员的服装在颜色、纹饰方面特别讲究，形成了颇具体系的服饰语言。我们不需要口头咨询，只看一下穿着打扮，借助服饰语言传递给我们的信息就可以判定他的身份和地位[①]：

---

① 严勇：《清代服饰等级》，《紫禁城》，2008 年第 10 期。

在清代服饰中，等级最高的颜色是明黄色，只有皇帝、皇太后、皇后和皇贵妃才可享用，一般臣庶严禁使用。明黄色是凌驾于一切服色之上的神圣而不可侵犯的颜色。即使贵为皇太子，也不能在衣服上使用明黄色，只能在衣服的佩饰如朝带、吉服带及朝珠的绦带等细小不明显的部位使用明黄色。实际上，这种以黄色为尊贵的做法是中国古代传统文化色彩观的一种反映。

皇帝之下的臣属，朝服的颜色则相对简单得多，皇太子朝服为杏黄色，仅次于明黄；皇子为金黄色；亲王、郡王的朝服为蓝及石青色，若蒙皇帝赏赐金黄色者，亦得以穿用；贝勒、贝子、固伦额驸、镇国公、辅国公、和硕额驸的朝服不许用金黄色，其余颜色随便用；公、侯、伯下至文武四品官、奉恩将军、县君额驸等人的朝服，用蓝及石青色；文武五品至九品，则只能用石青色一种颜色。

除了颜色，服饰上的纹样也是一种十分直观、一目了然的区分服饰等级差异的重要标志。由于服饰的纹样有直观明了和易于改动等特性，在服饰五大组成要素中是最活跃最富于变化的一种要素。因此，在服饰上用纹样的不同变化来表现等级的高低是最容易做到的，因而也是最为常见的。

体现在皇帝服装上，最显著最高贵的花纹非龙纹莫属。龙纹是代表皇权至高无上、神圣不可僭越的专用花纹，向为人君至尊的象征。中国古代历代帝王大都以装饰龙纹的服装为专用服装，虽然各代在形制和龙的图案方面不尽相同，但表达的始终是“普天之下，莫非王土，率土之滨，莫非王臣”的“真龙天子”唯我独尊、至高无上的政治权威意义。

虽然建立在传统意义上的具备创联本质的语言，为人类生存发展提供了基本的凭借，但要探究世界的精微，达到对世界科学与理性地认知，还需要借助各类学科语言。比如我们想要计算出自然界乃至宇宙星体之间相互引力的大小，就需要借助三百多年前牛顿发现的那种专业物理语言：$F=(G\times M1\times M2)/R^2$。显然，正是建立在发现并运用众多专业学科语言的基础上，才使我们从事了解、探索世界的实践成为可能。离开了专业学科语言，人类对世界的认知永远是模糊不确切的，更谈不上去把握和改造了。

很难想象，如果自然科学没有属于自己学科内部的专业语言，它们的发展还会像现在这样迅速，其体系还会像现在这样严密。正因为我们在自然科学领域发明并创造了种种便于其自身表达、储存，便于科学家运算、记忆的适合的学科语言，才会有千余年来自然科学的突飞猛进。举一个简单的数学语言的例子[①]。众所周知，现在国际通用的数字符号是阿拉伯数字 1、2、3、4、5、6、7、8、9、0。在欧洲，当阿拉伯数字传入之前，一直用罗马数字。

---

① 方坤夫：《数学符号与数学发展》，《湖州师专学报》，1993 年第 5 期。

罗马数字的计数法是非进位制的，一个简单的数也要写成长长的一串。罗马数字用 I、V、X、L、C、D、M 分别表示 1、5、10、50、100、500、1000。这样，3888 就要写成：MMMDCCCLXXXVIII。用这种记数法做加减法已经相当困难，如果做乘法就更加困难。如计算 235 × 4，就要先将 235 写成 CCXXXV，然后按照一定计算程式写成：

CC	CC	CC	CC
XXX	XXX	XXX	XXX
V	V	V	V

再将第一行 8 个 C 写成：DCCC

第二行 12 个 X 写成：CXX

第三行 4 个 V 写成：XX

进一步合并，得到乘积 DCCCCXL

这是一个简单的一位数乘法。如果一个多位数乘法，还不知有多么烦琐呢！如果是除法呢？简直难以想象。而运用我们现代的数学语言——阿拉伯数字来表示和计算，那可就简单多了！由此看出，古代印度人发明的包括“0”在内的十个数字符号，以及现在通用的定位计数的十进位法——即我们现在正讨论的数学语言，对于数学学科以至整个自然科学的发展是一个多么了不起的贡献啊！如果没有这套语言符号，数学及物理、化学、生物学等相关学科的发展，就像一个背负着沉重包裹的旅人，至今还在旅途上艰难地踯躅。

20 世纪第二次世界大战期间，美国军方为了解决计算大量军用数据的难题，成立了一个研究小组。经过三年紧张的研制，世界上第一台电子计算机终于在 1946 年 2 月 14 日问世了。它由 17468 个电子管、6 万个电阻器、1 万个电容器和 6000 个开关组成，重达 30 吨，占地 160 平方米，耗电 174 千瓦，耗资 45 万美元。这台计算机每秒只能运行 5000 次加法运算。由于计算机技术刚刚起步，程序员必须手动控制计算机。于是，德国工程师楚泽（konradzuse）开始利用程序设计语言来解决计算机的自动运算问题。在楚泽的带领下，众多的人参与到这一程序语言设计之中。之后，人们只要轻敲几个键，借用一整段代码就可以通过可重复使用的程序代码库进行运算。后来，随着 c，pascal，fortran 等结构化高级语言的诞生，程序员可以离开机器层次，在更抽象的层次上表达意图。随着程序规模的不断扩大，使得程序设计模型中随着代码的扩大而导致的错误也级数般扩大。这个时候，人们开始思考新的程序设计方式和程序设计模型，由此诞生了一批支持此技术的程序设计语言，比如 eiffel，c++，java 等。专业人士认为，未来计算机语言将不再是一种单纯的语言标准，它将以一种完全面向使用对象、更易表达现实世界、更易为人编写的面貌出现。其使用将不再限于专业人员，普通人也可以通过计算机语言编辑真实生活中的工作流程。计算机语言，完全是人类为了满足需要而发明创造的一种新式语言。

以上分析表明，传统意义上音义结合的作为人类生产生活交往的基本语言，并不能替代人类语言的多样化存在。众所周知，哑人不说话，却同样可以借助哑语，即手语在同一群体中进行交际；聋人听不到正常人的有声语言，也同样可以借助手语在同一群体中进行交际。至于盲文，或称点字、凸字，更是无声语言，它们由6个凸起的圆点按不同的排列方式组成，根本读不出声音。这说明语言如何表现，即语言采用什么方式表达并不是决定语言之成为语言的根本性因素，语言的外在形式在语言的构造中是次要的东西。真正决定语言之是否可称之为语言的东西，要看它是否具备语言的创联本质。只要是人类发明的具备创联本质的一切交流、传递、认知的符号形象系统或系统的形象符号，都可称之为语言。

如果说艺术、服饰等人文语言通过发挥其为人类社会提供的完善自身、规范秩序的功用，最终加强了人与人作为社会存在的种种联系，从而促进了一个族群、一个民族、一个国家的形成的话，那么有关自然界的学科语言则为我们进一步认知和把握世界，最终为人类增强与自然、与宇宙的密切关联，将自身融于宇宙，充分感受万物一体提供了必不可缺的凭依。事实上，正是由于我们凭借不同的学科语言，宇宙万物的种种存在状态才为人类所认知和掌握，宇宙的神秘面纱才得以被我们揭开，我们才有足够的自信驾驭人类发明创造的语言，不断地超越生物体的限制，不断地改造自然，成为自身与星球的主宰。正是在这样的前提下，我们才与自然、与宇宙建立起种种联系。而语言作为人类的创联物，不但创造了人类社会，还把人类引领并缓缓推进到与自然宇宙的融合之中。

我们讨论人类语言的多样性，只是想尽可能拓展，在某种意义上也是尝试改变我们传统的语言观。这种拓展或改变，一方面是想努力打破把语言局限于音义结合的符号的传统单一化理解模式，进而从语言的创联本质这一角度对人类的生命状态做出审视；另一方面则是想在这个基础上把探讨的目光延伸到人类之外的万物及宇宙，在一个更加恢宏浩渺的思维和想象空间，去叩击人类语言之外的万物语言乃至宇宙语言，借此树立一种大语言观意识。它不仅是我们人类探索自身的需要，也是我们探索宇宙的需要。

第二节　大语言观

中国古代有“天人合一”的说法，老子认为，“道生一，一生二，二生三，三生万物”（《道德经》第四十二章）。陆九渊认为，“宇宙便是吾心，吾心即是宇宙。”（《陆九渊集》卷三十六）在西方，阿尔可梅翁认为，人和整个宇宙是在同一设计上建立起来的，人是整个宏观世界的微观缩影。德国博物学家奥肯认为，“人是自然界发展的顶峰，因此必然把以前的一切囊括在自身之内，正如果子把果树以前的各个发展阶段包括在自身之内一样。一句话，人必然是代表整个宇宙的小相。”[①] 这说明，人类很早就意识到包括自身在内的整个自然宇宙处在一个相互联系、彼此不可分割的状态之中。抑或说，他们已经认识到万物皆有联系、宇宙亦是一体这个客观事实。正是在这个意义上，我们认为，语言作为人类交流联系的基本的声形符号系统并不是孤立存在的。因为既然这个世界从整体本质上讲，是万物和人存在联系与变化的反映，那么，人之外的宇宙万物当然也有自己的联系和联系形式，它们理所当然地也会拥有自己的语言。

从根本的意义上讲，万物相联系，宇宙亦是一体。万物皆有语，宇宙亦能言；语在联系中，联系生成语。从信息论的角度看，万物皆有信息并通过信息进行联系交流互动；宇宙本是一体，其整体性及各系统要素之间的联系又以信息传递的方式得以表现。正是基于这样一种宇宙间客观存在的信息—传递—联系的事实，我们才认为，捕捉到万物和宇宙之间的信息，就在很大程度上捕捉到了它们的语言。我们理解万物、探索宇宙，就是在诠释它们各自语言的基础上展开的。爱因斯坦说：“宇宙中最不可理解之事，是宇宙竟是可以理解的。”之所以不可理解，那是因为人类还没有找到解读宇宙奥秘的语言钥匙；之所以可以理解，

① ［英］斯蒂芬·梅森《自然科学史》，上海人民出版社，1997 年，第 332 页。

那是因为人类在不断破解宇宙间传递信息的内容与形式，并一步步诠释和破译宇宙语言，从而找到打开宇宙奥秘之门的钥匙。

那么，在大语言观的视域下，人类语言与其他语言究竟有哪些不同呢？

美国语言学家乔姆斯基曾提出“语言机能”一说，认为广义的语言机能包括语言的三种能力，一是接收、发出信息的能力，二是在意识中形成想法、表达意愿的能力，三是语言的递归性，指有限的词汇创造出无限新句子的能力，它直接指向词汇中的词法，句子中的句法。前两种机能为人与动物共享，后一种机能为人类独有。根据乔姆斯基对语言机能的解释，他显然认为动物也拥有自己的语言，只不过动物的语言与人类的语言有所区别，或者说动物语言与人类语言分别处在一低一高的不同发展阶段。

我们认为，乔姆斯基提出的语言机能一说是成立的。循着这一观点，如果我们把目光转向动物之外的植物界，他的这一理论或许依然可用。即是说，在整个植物界，依然存在着信息的传递和交流。其不同之处，仅在于植物之间信息传递和交流处在比较低级的阶段，植物的语言——联系这一本质表现得相对简单、落后而已。比如在植物界，科学家发现了这样的现象：在茂密的森林里，如果某些植物突然受到虫类的伤害，它们体内会立即释放出一种挥发性的茉莉酮酸，并把这一“体味”信号传递给附近的植物，于是附近的植物在被咬之前，已经凭借这种信号开始启动自己的防御系统了。在羚羊或长颈鹿吃掉槐树叶子的时候，被吃的槐树会立即在体内产生一种有毒的苦味物质。这时，周围的所有槐树也都争先恐后地释放出同样的毒素。这说明，信息的传递和交流，即联系的客观事实也发生在植物之间。

不独植物之间有联系—语言发生，现代生物科学证明，在所有的生命体之间，无论是大象还是细菌，也存在信息的传递和交流，也存在着彼此联系的现象。因为不管是什么生物体，它们基本上属于同一类型的生命代码——DNA分子。在这个意义上，一切的动物、植物、细菌、病毒，都是基因复制的产物。而科学家的宇宙理论告诉我们，茫茫宇宙源于一个奇点。作为宇宙的原点，时空从这一奇点开始，宇宙从这一奇点诞生。由于万物同源于宇宙奇点，由同一奇点造就的宇宙万物，当然也传递着彼此可以相互说明、相互印证，即相互联系的信息样式——语言。

不过，人类语言是万物语言之精。作为万物之灵的人类，其语言运用已远远超越了作为联系而存在的语言发展的低级阶段，而万物语言恰恰只是停留在仅能以此传递简单信息的原始状态。万物不能在相互联系的基础上，运用自己的语言像人类那样随机地进行思想交流，它们也不可能运用自己的语言去描述自身之外的任何事物，更不可能去做脱离当下的任何抽象的逻辑推理。从生物体生命活动所经历的进化过程可知，人类之外的世界万物，仅仅是处在生命活动的简单反射、条件反射，至多是使用工具的阶段，距离使用符号的阶段还有一段极其漫长的进化之路，或者说始终没有进化到使用符号的可能。这便决定了万物的语言永远无法与人类语言相比。

人类语言是宇宙语言发展的高级阶段。人类语言经历了一个从低级到高级、从简单到复杂、从模糊到精确、从贫瘠到丰富的变化过程，这个过程实际上就是宇宙数亿万年发展演进的历史缩影。人类从最初发出一个单音节“啊”，从表达一个相对简单的意义，到发出一个双音节或多音节组合、表达一个相对复杂的意义，再到通过音节自由组合而发出多个声音，表达多个意义，最后由词而生成句子，由句子而生成长篇大论，不但意义的表达更丰富、准确，且整个语言系统也更复杂、微妙，更具有无限的生成性和无限的创造性。由原始的人类语言到当代的人类语言，就像是由原始的宇宙奇点经历大爆炸后而形成的浩瀚宇宙。宇宙越来越在自己一次次的裂变中显示出一切物质间不可分割的联系，越来越显示出自己巨大的创造能量，而人类也越来越在自己发明创造的语言的使用中倾尽语言的本质——联系、交流、想象和创造。

人类凭借发明创造的语言，完全可以读懂宇宙语言。以联系和创造为本质的人类语言，其功能的发挥不仅指向人类，更指向人类之外的宇宙万物。人类如何认识自己，又是如何认识他在？一条主要的途径就是利用充满联系和创造的人类语言。我们如何撩开神秘的宇宙面纱，如何认识复杂的宇宙？一条重要的途径就是破译宇宙语言，掌握宇宙语言。宇宙语言反映了宇宙万物根本的联系方式和存在状态，是我们解开宇宙之谜的一把钥匙。当然，宇宙语言——解开宇宙之谜的钥匙的获得不仅依赖于人类的一切发明和智慧，而且必须借助于人类高度发达的语言和语言能力。从这个意义上说，作为工具存在的人类语言是解读宇宙语言的语言，因而是宇宙语言的一种高级表达方式。

阅读材料：

科学家宣布探测到引力波广义相对论最后预言获证[①]

美国东部时间2月11日上午，美国国家科学基金会与来自加州理工学院、麻省理工学院以及科学合作组织“激光干涉引力波天文台”（LIGO）的科学家在华盛顿全国新闻中心共同宣布，LIGO于去年9月14日首次探测到引力波，证实了爱因斯坦100年前所做的预测，弥补了广义相对论实验验证中最后一块缺失的“拼图”。

引力波是一种时空涟漪，如同石头被丢进水里产生的波纹，在黑洞合并、脉冲星自转以及超新星爆发时产生。早

① 《光明日报》，2016年2月13日，第11版。本报驻华盛顿记者韩显阳。

在1915年，爱因斯坦就曾预言了引力波的存在。迄今为止，爱因斯坦的广义相对论中有关“光线的弯曲”“水星近日点进动”以及“引力红移效应”等预言都已获证实，唯有引力波一直徘徊在科学家的“视线”之外。

在美国国家科学基金会资助下，麻省理工学院、加州理工学院联合建设了LIGO，并从2003年开始收集数据。LIGO由两套干涉仪组成，是两个互相垂直的L形排列的干涉臂，臂长均为4000米。LIGO干涉仪的工作原理是，在两臂交会处，从激光光源发出的光束被一分为二，分别进入互相垂直并保持超真空状态的两空心圆柱体内，然后被终端的镜面反射回原出发点，并在那里发生干涉。如果是微小变化、微弱地震和其他干扰信号，其记录将只出现在一台干涉仪中，而真正的引力波信号则会被两台干涉仪同时记录。

目前世界上共有4个引力波探测器，其中3个部署在美国，即华盛顿州汉福德市的两个和路易斯安那州利文斯顿市的一个。

美国东部时间2015年9月14日5时50分45秒，位于利文斯顿的引力波探测器首先传出撞击声。7毫秒后，汉福德的探测器也传出撞击声。这意味着后来被命名为GW150914的引力波传到了地球，并被两个天文台探测到。LIGO认为，此次探测到的引力波是由两个黑洞合并引发的。这两个直径约为150公里的黑洞不断靠近、旋转，并最终以 1/2 倍光速的速度相撞后“合二为一”。这两个质量分别为太阳质量 29 倍、36 倍的黑洞，在合并的过程中释放出约 3 个太阳质量的能量，其产生的引力波经过 13 亿年的漫长传播最终抵达地球。

科学界普遍认为，引力波的发现是物理学、天文学研究的一项重大突破，开启了人类探索宇宙的一扇大门，甚至可能揭开宇宙诞生的奥秘。

LIGO 创始者之一、麻省理工学院物理学教授雷纳·维斯说，“引力波的发现完美地印证了爱因斯坦在 100 年前的预言”。

英国著名理论物理学家斯蒂芬·霍金表示：“引力波提供了一种人们看待宇宙的全新方式。（人类）探测到引力波的这种能力，很有可能引发天文学革命。”

哥伦比亚大学物理学教授绍博尔齐·马尔卡则形象地比喻说，此前人类的天文学发现都好似“眼睛”，而引力波的发现意味着人类长了“耳朵”，“引力波所携带的大量信息，可以帮助科研人员更好地了解黑洞”。

第三节　宇宙语言

一、宇宙语言的实质

宇宙万物之间是通过什么和怎么样进行相互联系的？我们人类为什么又是通过什么和怎么样认识理解把握这种

联系的？答案应当是信息及其样式，即宇宙生发的信息及其联系的样式——包括人类语言在内的宇宙语言。宇宙语言作为宇宙联系的普遍样式，实际上所传递的是事物自身的状态及相互之间联系的样式（形式和媒介）——信息。作为事物的属性或存在状态，信息在宇宙间从来都不是彼此孤立的，所有的物质信息都是可以相互说明、相互印证或相互联系的。信息最根本的特性是它的全息性。所谓全息，就是部分与部分之间，部分与系统之间，包含着相同的信息，或者说部分包含着整体的全部信息。这样一种信息全息性理论，通常称之为宇宙全息论。

宇宙是一个普遍联系的整体，一切事物都处在全方位的相互联系、相互制约之中。宇宙中的每一个位点，即每一事物，都是整个宇宙的信息缩影。为什么这样说呢？有学者解释，宇宙全息的内在根源在于万物的同源性。宇宙万物具有共同的起源，它们均来自宇宙的“奇点”——“原始超信息细胞”[①]。就像生物体源于种子而具有种子的全部信息一样，宇宙间的每一事物因源于宇宙奇点而具有宇宙的全部信息。

宇宙奇点是宇宙的原点，时空从这一奇点开始，宇宙从这一奇点诞生。由于万物同源于宇宙奇点，由同一奇点造

① 王存臻、严春友说，转引钱冠连《语言全息论》，商务印书馆，2002年，第46～47页。

就的宇宙万物，当然传递着可以相互说明、相互印证或相互联系的信息。对宇宙语言的理解，就是建立在这一理论基础之上的。

让我们阅读一段关于宇宙产生的科普文章[①]：

宇宙大爆炸发生在140亿年前的一瞬间。从那一瞬间起，宇宙诞生了，能量转变成物质，出现了恒星，万物，乃至水和生命。我们的过去、现在、未来都产生在大爆炸那一瞬间。

让我们回到发现宇宙大爆炸以前的时刻。那时天文学家一致认为我们的宇宙是一个不变的天体，地球是中心，金木水火土星，甚至太阳都围绕地球旋转，后来发现太阳不过是银河系的一员，银河系才是宇宙。

1929年，天文学家哈勃在威尔逊天文台用望远镜观测宇宙恒星时，发现所有的恒星光谱，在不同时期观测，其红色谱线有后移现象。红色是热量谱线，后移说明所有的恒星距地球越来越远。这一发现震惊世界！

人们自然联想，宇宙中的恒星既然远离我们，那么在这之前一定与我们较近，进一步联想，宇宙在膨胀，那在以前的某个时刻一定很小。于是宇宙大爆炸的理论假说诞生了！宇宙起源于一个比原子还小的奇点。

---

① 《了解宇宙如何运行》纪录片解说词关于“大爆炸”。

这似乎不可理解，偌大的宇宙时空和物质都浓缩在一个比原子还小的粒子中可能吗？怀疑是正常的，因为确实匪夷所思。问题是你必须承认宇宙万物都是遵循从无到有的规律，既然这样，那么宇宙起始于奇点的大爆炸就不是不可能。通过宇宙膨胀速度反向推算宇宙大爆炸始于137亿年前的某个时刻，一声难以想象的滔天巨响，我们的宇宙诞生了。

据科学家测算，奇点里的温度、密度极高，是一个比原子还小的纯能量奇点。里面蕴藏着不低于4000亿个星系形成所需要的物质。爆炸时间相当短暂，只有几亿亿亿分之一秒。天文学家卡洛斯在虚拟世界里用超级计算机，模拟奇点大爆炸时情景，他提出三个方案，一个引力比较小，一个引力比较大，结果较小引力没有反应，较大引力都变成黑洞，只有引力恰到好处才可能诱发大爆炸。

宇宙奇点瞬间大爆炸，时空开始，所用的时间仅是几亿亿亿分之一秒，而宇宙膨胀的速度也是几亿亿亿倍。大爆炸的速度肯定是超光速的，是光速的十几倍、千万倍？人们无法知道。科学家在计算宇宙大爆炸时，往往使用普朗克时间常数。

所谓普朗克时间常数约等于一年的秒数乘以140亿年，即31536000秒 ×14000，000，000年……

大爆炸后几个瞬间，宇宙体积由奇点扩大到地球大小；

再过几个瞬间，宇宙体积扩大到太阳系大小，温度极高，仍有几亿亿摄氏度；

再过几个瞬间，宇宙扩展到银河系大小，温度仍然很炽热；

再过几个瞬间，宇宙温度下降，能量开始转换，有亚原子粒子出现；

再过几个瞬间，宇宙中出现物质、反物质粒子互相碰撞湮灭，一部分物质粒子留存下来。这部分物质组成星系、恒星、行星、卫星、彗星等天体，这部分质量约占宇宙总质量3%左右；

一秒钟，宇宙留存原始粒子开始聚合；

三分钟，氢、氦、锂原子相继出现。这是宇宙中氢、氦元素最多的原因；

38万年，宇宙由混沌开始显现清澈，宇宙中除了氢、氦、锂元素外一无所有。

为了探测宇宙大爆炸后留下的蛛丝马迹，天文学家彭齐亚斯和普斯林监测到一种嗡嗡声的宇宙信号，通过施放微波探测装置，科学家获得完整的宇宙物质分布图。

……

大爆炸2亿年，氢、氦气团在引力的作用下，不断壮大出现恒星。恒星给宇宙送来第一束光明；

大爆炸10亿年，星系出现；

大爆炸50亿年，太阳诞生；

大爆炸80亿年，无数星系诞生；

大爆炸90亿年，太阳系形成；

大爆炸140亿年，当今的宇宙形成。

大爆炸诞生了宇宙，而且今天的宇宙不断地膨胀，宇宙有开始，就有灭亡的那一天。

关于宇宙如何消亡的问题，与大爆炸同样令人费解。目前有几种假说：一是有始无终开放宇宙；二是循环宇宙起始同处一点；三是从膨胀到停止，大塌缩再回到奇点；四是多个宇宙。

黑洞理论支持多个宇宙的假说；

暗能量的假说，支持宇宙由光明走向黑暗：

千亿年后，恒星的聚变燃料消耗殆尽，宇宙走向黑暗，还是引起一系列超新星爆炸，产生新的宇宙尘埃和星云？现在还不清楚。也许在遥远的宇宙边缘正上演新旧宇宙交替的大戏也未可知。

总之，大爆炸蕴藏着许多未知的奥秘，过去、现在、未来都隐藏在大爆炸中，需要我们不断地探索发现。

二、生命语言是宇宙语言的同构①

既然任一物体都包含着宇宙的全部信息，那么，在宇宙源于奇点的宇宙全息理论下，地球上的生命体又是靠

① 参见1.［英］理查德·道金斯《自私的基因》第三章“不朽的双螺旋”，卢允中等译，中信出版社，2012年。2.［美］弗兰西斯·柯林斯《生命的语言——DNA和个体化医学革命》第一章“未来在眼前”，杨焕明等译，湖南科学技术出版社，2010年。

什么介质传递相互说明、相互印证或相互联系的生命信息的呢?

如果把地球上的任一生命体比作宇宙，那么这一生命体体内的任一 DNA（脱氧核糖核酸）分子就是这一生命体宇宙中的一员。所有 DNA 分子组成这一生命体，它们之间彼此传递着相互说明、相互印证或相互联系的生命信息。不仅如此，所有生命体之间，无论是大象还是细菌，也彼此传递着相互说明、相互印证或相互联系的基本上属于同一类型的生命信息——DNA 分子。在这个意义上，一切的动物、植物、细菌、病毒，都是基因复制的产物。DNA 是所有生命的通用语言。正因为 DNA 分子的破解，各种生命体的生命语言才被首次解读。

一个 DNA 分子是一条由构件组成的长链，这些构件是被称为“核苷酸”的小分子。如同蛋白质分子是氨基酸链，DNA 分子是核苷酸链。一个 DNA 分子由一对核苷酸链相互交织而成，并呈雅致的螺旋形。我们可以把螺旋状的 DNA 想象成一架梯子，这个梯子的横档（梯级）由四种成对的化学物质——碱基组成，我们可以将其缩写为 A、T、C、G。梯子的骨架（梯柱）由单调重复的糖和磷酸构成。一个生物体所有的遗传信息就蕴藏在里面那些化学碱基的排列顺序之中。在这里，A 总是和 T 配对，C 总是和 G 配对。在所有生命体中，A、T、C、G 四种碱基都是一样的。生命体之所以有差别，在于四种碱基缠绕交织在一起的顺序不一样。结构最简单、生存最自由的单细胞生物，它所有的遗传信息压缩为一个只有几百万碱基对的基因组中。多细胞生命体具有复杂的身体构造，因而需要更大的基因组去指导各方面的功能。对于人类而言，我们自己基因组的 DNA“梯子”有 31 亿个“梯级”。大多数其他哺乳动物的基因组和人类基因组大小相近，在 20 到 40 亿碱基之间。可是，许多两栖动物的基因组比我们人类大得多，一种非常简单的叫松叶蕨的植物，它的基因组竟比人类大 100 倍。DNA 寄居在生命体内部，不是集中在某一特定部位，而是分布在所有细胞之中。人类体内大约由 1000 万亿个细胞组成，除某些特殊情况外，每个细胞都含有该人体的 DNA 的一套完整拷贝。

DNA 分子有两件事情要做：第一，进行自身复制。自从有生命以来，这种复制活动就从未中断过。一个成年人，体内有 1000 万亿个细胞，但他处在胚胎期，最初只有一个单细胞。这个单细胞先是通过复制一分为二，然后再按 4、8、16、32 等倍数分裂，直至几十亿个。每次分裂，DNA 都毫不走样地被拷贝复制，极少发生差错。第二，间接监督制造不同种类的分子——蛋白质。蛋白质不仅是构成人体组织的主要成分，还对细胞内一切化学过程进行灵敏控制，在准确的时间和准确的地点，有选择地使这种化学过程继续或停止。蛋白质制造的结果，是确凿无疑地使 DNA 复制并最终发展为一个婴儿。

三、宇宙语言被人类语言描述

宇宙语言，这个宇宙间所有事物传递的可以相互说明、相互印证或相互联系的信息及其样式，竟然出人意料地被人类在其创造的语言中巧妙地拷贝。这一惊人的现象说明，人类语言也是全息的！

有学者以美国总统乔治·华盛顿就职演说时的一句话为例，描述语言全息现象[①]：Among the vicissitudes incident to life no event could have filled me with greater anxieties than that of which the notification was transmitted by your order, and received on the 14th day of the present month.（真可谓人生荣枯浮沉，没有一件事能比本月 14 日收到的根据你们的意愿而送达我手的通知更使我激动不安的了）由于一个语种中的任何一个词的意义都不能被自己解释，而是需要借助这个语种中的其他词来规定或解释；可是，负责规定或解释的其他词的意义同样不能自己解释自己，它们也需要借用这个语种中的其他词来规定或解释；同理，负责规定或解释那些负责规定或解释的其他词的意义的词的意义也不能自己解释自己，它们也需要借用这个语种中的其他词来规定或解释……这样的逻辑推理在理论上是正确的，且是可以无限制推延的。于是，就可能出现“被规定或解释的词”与这个语种中其他任何一个词均发生联系的现象。这也

① 钱冠连：《语言全息论》，商务印书馆，2002 年，第 58～60 页。

就是部分与部分、部分与整体之间可以相互印证，部分包含整体的全部信息的全息现象。比如规定或解释 vicissitude 这个词，需要借助 change，especially in somebody's fortunes 这些词；可是，change、especially、in、somebody、fortune 这些词的意义，理论上依然需要借助其他词来规定或解释……依此类推，一个语种全部的词语必然建立起相互说明、相互印证或相互联系的语言全息现象。

如果从人类语言存有认知世界的功能这一视角切入，则人类语言中的学科语言，尤其是那些揭示宇宙奥秘的自然科学语言，无一不是对浩瀚宇宙运行规律的精致描述。事实上，这些揭示宇宙运行规律的学科语言，已成为对宇宙语言的另一种描述，它从另一层面论证了宇宙物质之间传递着相互说明、相互印证或相互联系的信息。

比如科学家通过分析物质内部四种基本相互作用来解释宇宙变化，就是这样的一个例子。19 世纪以来，经过一个多世纪的努力，物理学家发现了物质结构的五个层次：分子、原子、原子核、基本粒子和夸克。通常情况下，电子、光子、质子、中子、π 介子等统称“基本粒子”，它们是比原子核更深一层次上的物质存在形式。在这些粒子间存在四种“基本相互作用”，它们是强作用、电磁作用、弱作用、引力作用。引力作用普遍存在于一切粒子之间，是一种吸引力。电磁作用存在于荷电粒子间，有引力，也有斥力。原子核内使质子、中子结合成原子核的吸引力

（即核力），是强作用的一种表现。引起中子 β 衰变（$n \rightarrow p + e^{-} + \tilde{v}_e$）的作用就是弱作用。物理学家认为，这些相互作用有着非常不同的基本性质和基本规律。自然界的所有物质由基本粒子组成，而这些基本粒子之间存在着这几种基本作用。自然界呈现的千变万化的现象，均可在这四种基本作用中得到说明。

下面，我们阅读一篇爱因斯坦发现弯曲时空的文章，进一步理解人类的学科语言是怎样描述宇宙运行规律的宇宙语言的①：

在爱因斯坦的时代，黎曼几何已经有了。爱因斯坦在格罗斯曼的帮助下熟悉了黎曼几何，但是刚开始摸索的时候没有得到正确的方程。后来他到了德国，跟希尔伯特讨论几次以后把正确的方程得到了。这就是广义相对论的基本方程——爱因斯坦方程，或叫场方程，

$$R_{\mu\gamma} - \frac{1}{2} g_{\mu\gamma} R = - k T_{\mu\gamma}$$

左边是时空曲率，右边是物质的能量动量。你看着简单啊，实际上它是十个二阶非线性偏微分方程组成的方程组，左边表示时空弯曲，右边表示物质的存在，式中常数 k 实际上是 $8\pi G/c^4$，G 就是万有引力常数，c 是真空中的光速。

---

① 赵峥：《弯曲的时空——介绍〈广义相对论基础〉》，《物理与工程》，2012 年第 6 期。

现在来定性地解释一下弯曲的时空。举个例子，我拿着一个粉笔头，一松手它就掉下来了，按照牛顿第二定律和万有引力定律，这是一个在万有引力作用下的匀加速直线运动。按照爱因斯坦的广义相对论，万有引力根本就不是什么力，只是时空弯曲的表现，松手之前你用了力拽着粉笔头，一松手这个粉笔头就没有受到力了，就自由下落，它做的是惯性运动。

……

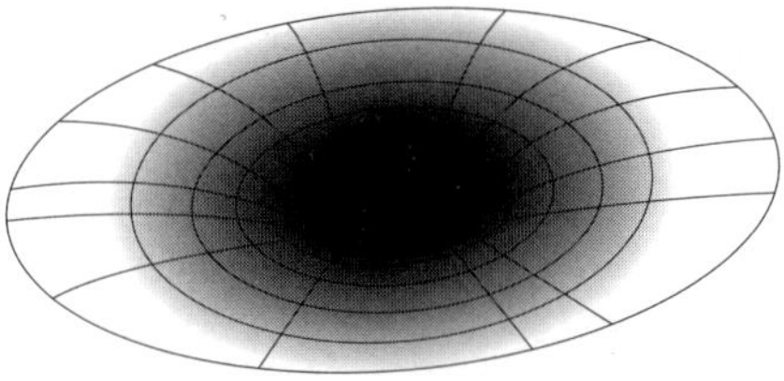

弯曲的时空

这个图是一个示意图，一颗恒星把周围的空间压弯了。这只是一个示意图，不是什么真正的物理图。我们可以打个比方，比如说四个人拽开一张床单，床单是平的，小玻璃球搁在上面不动，你一滚它就做匀速直线运动。但是如果床单中间搁上一个铅球，就把床单压弯了。再将玻璃球搁在上面，它会滚到铅球那里去。我们可以把铅球想象成是地球，这个玻璃球想象成粉笔头，它滚过去了。按照牛顿式的解释，就是那铅球用万有引力吸引这个玻璃球，而按照爱因斯坦式的解释，铅球使周围的空间弯了，在弯曲的空间当中这个玻璃球就自然地滚过去了。同样的，你可以把那个铅球看作太阳，把玻璃球看作地球，你横着一扔，它就转起来了。这个玻璃球为什么不跑掉呢？也就是说行星为什么不逃离太阳呢？按照牛顿力学的解释，就是这个铅球用万有引力吸引着玻璃球，它跑不了；按照爱因斯坦的解释，就是铅球让周围的空间弯了，在弯曲空间中，玻璃球做自由运动。也就是说，太阳让周围的时空弯了，在弯曲时空中，地球做自由运动，这个自由运动就是围着太阳转，所以它跑不了。这是一种直观的比喻。爱因斯坦认为，万有引力不是真正的力，而是时空弯曲的表现。行星绕日的运动是惯性运动。

……

我们再来谈另外两件事情。一件是水星近日点的进动。牛顿力学算出来的行星绕日运动都是一些封闭的椭圆。但实际上我们看到的行星绕日运动都不是封闭的椭圆，它会进动，这样一圈一圈地转起来，近日点在不断地前移。离太阳越近的行星轨道进动越厉害。所以大家总以水星为例来讨论行星轨道近日点的进动。

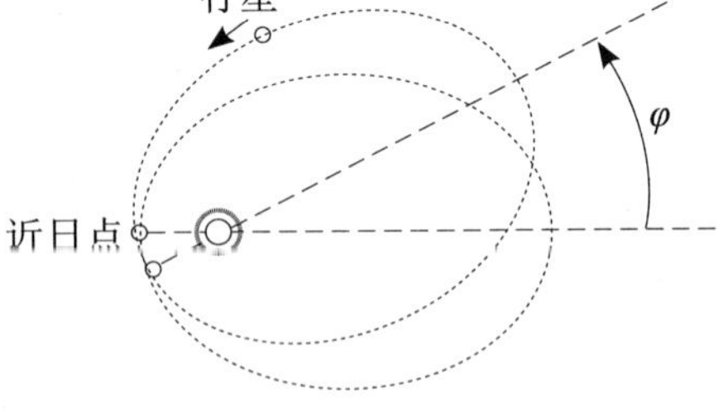

水星轨道近日点的进动

在爱因斯坦那个时代已经知道，水星绕太阳的轨道不是一个封闭的椭圆，人们用天文学上的“岁差”和其他行星的影响来解释。当时观测到每一百年有5600"的进动，把所有可能的影响因素都考虑进去以后，有5557.62"的进动能得到解释，但还有43"的进动没法解释。最先对这个问题进行研究的是勒维叶，就是预言并发现海王星的那个人。勒维叶成功地预言海王星之后就想，水星轨道的进动是不是因为有一颗比水星离太阳更近的行星造成的？他就反过来算出了这颗星的位置。他很高兴又预言了一颗新行星。他给这颗新行星取名火神星，为什么叫火神星呢？因为离太阳近，温度高。于是有些人去观测，但怎么也找不到。一次，真的看到了太阳表面上有个黑点在那儿动。以为发现了“火神星”，高兴了一场，后来发现那“火神星”不过是个太阳黑子，不是行星。所以这个43"的进动问题就遗留下来了。

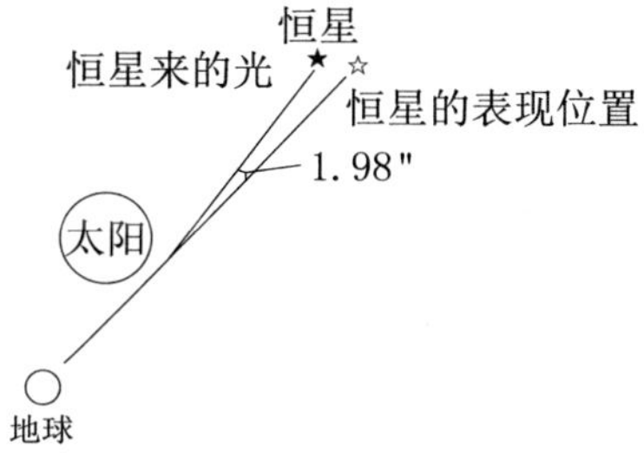

光线偏折

几十年以后，爱因斯坦的广义相对论算出水星轨道正好就有43"的进动。就是说，不考虑别的因素，水星绕太阳转动的轨道就不是封闭的椭圆，一百年就有 43" 的进动……

还有一个检验爱因斯坦理论的实验——光线偏折。按照广义相对论，太阳的存在会造成时空弯曲。时空弯曲会使来自远方恒星的光在途经太阳附近时发生偏折。不过根据万有引力定律也能算出光线偏折，为什么呢？一个光子路过太阳附近，在重力场中下落，它应该走一条抛物线，所以光子的路径也应该弯曲，但两种解释的偏转角不一样，相对论预言的偏转角是牛顿理论预言的偏转角的两倍。

……

爱丁顿在报告中说："根据牛顿的理论，偏转角是 0.875"，根据爱因斯坦的理论，偏转角是 1.75"。两个组观测到的偏转角分别是 1.61" 和 1.98"，实验观测支持了爱因斯坦的广义相对论。"有人问爱因斯坦："您有什么感想？"爱因斯坦说："我从来没想过会是别的结果。"他非常自信。

广义相对论是爱因斯坦最得意的成就，他说："狭义相对论如果我不发现，五年之内就会有人发现。广义相对论如果我不发现，50 年之内也不会有人发现！"确实，除去爱因斯坦之外，没有任何人接近广义相对论的发现，他几乎是单枪匹马地完成了这一杰作。

第四章
语言与人类

从人类历史的角度来看，语言群体是一种自然产生的单位。由于语言作为交际工具的自然属性，它也能把人性分门别类：只有通过一门共同的语言，才能使同一群体实现行动的一致性，从而写就一段共同的历史。此外，一个群体所共用的语言，也成为记载他们共同记忆的精确的手段之一。语言不但能使得一段共同的历史得以存活，也使得这段历史可以被世代相传。

语言还有一项特征，使得它能够成为群体记忆保存的不二之选。每一种语言都是由年轻的一代向年长的一辈习得的，因此，语言成为传承古老传统的载体。传统就原则上来说应当是永恒不朽的，语言在代代口口相传的过程中虽然不断变化着，但这种变化过程却不曾走向衰败和灭亡。就好像生命本身，每一种语言传递到新的一代都会有新的面貌，也正因为如此，语言不会像它的使用者一样走向衰亡。

——［英］尼古拉斯·奥斯特勒

《语言帝国——世界语言史》

第一节　语言与人类进化

人是万物之灵，是地球的主宰。但是地球只是宇宙中一个微不足道的星球。宇宙是一个浩瀚无垠的广袤世界，在苍茫无尽的宇宙中时间无尽永前、空间无界永在、质量无限永有。银河系只是宇宙中的众多星系之中的一个，太阳系是庞大的银河系的一员，而人类赖以生存的地球也仅仅是太阳系众多星球中不起眼的一个。目前已知的星球中，还没有确切发现类似于人类的生命体的存在。

地球上的生物是如何出现的？人类又是如何产生的？自从有了人类历史，就免不了对这一问题产生强烈的好奇心，但目前远远没有揭开其中的重重迷雾。不过，人们已经确切地知道，在相当长的时间内，人类社会的发展是极其缓慢的。直到产生了语言之后，人类的进化才突飞猛进，人类社会的发展才发生翻天覆地的革命性巨变。人类开始通过语言表达复杂的思想，学习积累的知识，在生产中进行相互沟通、相互协作。正是借助语言这种独有的符号系统，人类的历史才得以高速发展，人类才迅速领先于其他物种成为地球的主宰。

在社会生产极不发达的远古社会，人类的生存是颇为艰辛的。早期的人类通过狩猎和采集获取食物，利用简单的工具加工食品，生活地点也因食物的不同分布而经常变动。

由于山川河流的阻隔以及交通工具的匮乏，原始的人类早期迁徙的范围是非常有限的。后来他们活动的范围越来越大，甚至由非洲而遍布五大洲。这是一个非常漫长而艰辛的迁徙之旅。那时，类似于现代的有声语言还没有真正产生，人们相互之间的交流不外乎两种方式，一种是采用特定的手势和表情引起对方的注意，日久天长，这些特定的手势和表情有了约定性，后来这些手势和表情逐渐固定下来，成为人们的交际工具。另一种是通过发声器官发出来的简单声音引起对方的注意，这些声音有高低、长短乃至于音色的变化，后来也逐步固定下来成为人们约定俗成的交际手段。从人类起源单源说看，人类的始祖从非洲开始扩散，经过了 15 万年～20 万年的时间才演变为今天的样子。在扩散的早期，人类的语言能力是非常有限的，甚至可能完备的有声语言还远远没有产生。原始人类就是依靠这些简单的语言来进行交际并不断积累社会生产经验的。

人类有声语言的出现到底是在什么时期，目前还无法找到一个准确的时间节点。尽管这样，对于直立行走在人类语言产生中的重要作用，却已基本达成共识。在原始社会早期，人类虽然摆脱了四肢爬行状态，学会把前肢解放出来用于制造和使用工具，但是人类行走时并不像今天这么挺直，而是依然带有从爬行到直立行走过渡期的特征。随着人类直立行走的最终完成，人的大脑和人的发声器官都有了显著变化。这时，有声语言作为一种新的方便准确的交流工具终于出现了。

在这一阶段，人类的语言经历了一个由简单到复杂再到成熟精密的漫长发展过程。随着人类语言的发明与应用，人们对自然界的认识也越来越深刻，改造自然的能力也越来越强。成熟的语言逐步改变了人的心理结构，并促进了人类思维的发展，最终出现色彩斑斓、丰富多彩的人类文明。语言的出现，使人类的群体记忆得以延续和保留。

总之，自从有了语言，人类进化的速度空前加快了。凭借语言，人类无限回溯过去，又无限展望未来。人类的大脑和思维得到快速进化，人类的知识积累和文化传承找到了依托，人与人之间的交流变得畅通无阻。人类对社会的认识、对事物的感知也更加深刻了。正是语言的出现，人类文明才得以开始并以加速度形式向前推进。

第二节　语言与人类族群

人类的产生到底是单源还是多源？长期以来“单源说”和“多源说”两种截然不同的意见一直互有消长。不少人认为人类来自于独立发展的多个源头，但是近年来现代线粒体 DNA 研究使得这一观点受到质疑，当代生物学家更倾向于现代人类同出一源的观点。“单源说”认为现在的人类最初起源于非洲大陆，然后从发源地开始逐步向东南西北方向迁移。经过 15 万年～20 万年的扩散，逐渐分布到不同的大陆。如果这一观点得到最终确认，那么从生物学的角度看，目前在地球上繁衍生息的70多亿现代人都属于同一个种群，即智人种。随着人类的不断迁徙，智人生活的空间越来越广泛，从寒冷的北极圈到炎热的赤道附近，从澳洲、美洲到欧亚大陆，人类活动的足迹遍布全球。伴随着这一阶段，人类生活的环境也变得越来越千差万别。这种环境不仅仅指人们赖以生存的自然环境，还包括因独立发展而形成的文化环境。从此，智人逐步分化出了若干亚单位，这些亚单位被称为人种，或称为种族。关于人种和种族，有多种定义。比如：

种族是基于共同血缘的人们的地域群体，这种血缘关系表现在身体外表上有着许多共同类似的特征。①

人种也称“种族”。指有同一起源并在体质形态上具有某些共同遗传特征的人群。②

人种是一种以具有一定性状的、可以遗传相承的体质特征为依据的人类主要区分。③

目前现代人可以分为三个种族，蒙古利亚种族（包括黄色人种或亚美人种）、澳大利亚和尼格罗种族（包括黑棕

---

① ［苏联］尼·切博克萨罗夫、伊·切博克萨罗娃：《民族、种族、文化》，赵俊智、金天明 译，东方出版社，1989年，第110页。

② 覃光广等：《文化学辞典》，中央民族学院出版社，1988年，第8页。

③ 吴泽霖等：《人类学词典》，上海辞书出版社，1991年，第570页。

人种或赤道人种)、欧罗巴种族(包括白色人种或欧亚人种)。在这些人种中间还存在着一些过渡人种，体现出人种形成过程中的一些典型特征。这些人种之间可以相互通婚，通婚后产生的后代同样具有正常的生殖能力。人种之间不仅仅表现为体貌特征的差异，还包括文化方面的差异。根据人类起源单源说的推断，人类在不断的迁徙活动中最终居住在不同的区域，他们之间相同的体质特征、遗传特征逐步减少，在不断的分化中逐步产生出符合自身发展的文化。文化环境的形成，进一步促成了人种的定型化，最终形成从生理到语言再到文化迥然有别、千姿百态的各个社群。

人类的进一步迁徙和分化导致同一人种逐步分化为不同的族群。"族群"是一个外来的概念，是指"因文化边界而产生自我与他者意识的，具有特定结构的人类文化共同体"，"是人们在交往互动和参照对比过程中自认为和被认为具有共同的起源或世系，从而具有某种共同的文化特征的人群范畴。"[①] 在族群的界定中，虽有基于体质、世系、家族等生物因素的考虑，但主要的却是社会文化因素的内容，如语言、宗教、习俗、历史、传说、艺术等情感因素和地域差别、利益分配等社会因素。人类以各种各样的方式结成了一个又一个的族群。在人类生活的早期，生产力不发达，社会之间的交往并不紧密，社群之间几乎不

① 张实:《体质人类学》(修订版)，云南大学出版社，2009年版，第431页。

可能来往或者来往很少，相互之间的独立性很强。由于社会生活的相对封闭性，各自的语言也在独立地发展。随着人们改造自然能力的加强，族群之间开始交往、分裂、融合，甚至形成新的社群。新的社群又会交往、分裂、融合，再次形成更新的社群。社群的变化导致语言也在交往中融合。在族群的认定过程中，自我认定的归属和被别人认定的归属都离不开语言的认同。属于同一个族群的人，必然使用着同样的语言，这是社会交往的基础，其他的风俗习惯、宗教信仰、交往方式、社会组织结构等，都是在基于共同语言的基础上发展起来的。“从人类历史的角度看，语言群体是一种自然产生的单位。由于语言作为交际工具的自然属性，它也能把人性分门别类：只有通过一门共同的语言，才能使同一群体实现行为的一致性，从而写就一段共同的历史。此外，一个群体所共用的语言，也成为记载他们共同记忆的精确的手段。语言不但使得一段共同的历史得以存活，也使得这段历史可以被世代相传。”[1]

相对于整个人类发展而言，国家、民族、宗教都是姗姗来迟的人类社会要素。语言一开始不仅是民族、宗教认同的依据，还是种族的标志和分野。同一民族具有共同的语言和心理，是种族的扩大化和进一步发展的结果。如果没

---

① ［英］尼古拉斯·奥斯特勒：《语言帝国：世界语言史》，章璐等译，上海人民出版社，2011 年版，第 3 页。

有语言，也就没有人类的进化与发展。现在人们普遍接受了“语言生态学”的观点，对语言的进化有了新的认识，对语言的地位以及语言对族群的影响有了新的审视。从当前世界的情况来看，国家、民族、宗教和语言之间形成了一种错综复杂的关系。第一，同一个国家可能同时存在着不同的民族、宗教和语言，同一个民族宗教、同一种语言可能分布在不同的国家。比如我国境内有56个民族，这些民族使用的语言有129种，人民群众的宗教信仰主要是佛教、道教、伊斯兰教、基督教和天主教等。俄罗斯境内有176个民族，有122种语言。第二，同一个民族可能使用不同的语言，同一种语言也可能为不同的民族所使用。我国汉族使用的汉语，回、满两个民族也在使用，其中满语曾经是满族人使用的语言，但现在的使用者只有100多人，多数满族人已改说汉语。随着英、法、荷兰、葡萄牙等国的殖民扩张，他们的语言也逐渐散布到全世界各地，非洲、美洲的许多国家和这些曾经向海外殖民扩张的欧洲国家并不属于同一个民族，但使用着同样的语言。此外，同一宗教信仰的教民可能使用着不同的语言，使用同一种语言的人也可能信奉着不同的宗教。

在国家、民族分布情况非常复杂的情况下，语言使用者的人数也不均衡。国家、民族和语言之间存在着错综复杂的关系是历史形成的，其中留下了人类社会发展的印记。民族、国家和宗教之间的关系也比较复杂。宗教信仰作为一种联系不同国家、不同民族的纽带，几千年来一直对世界产生着深远影响。民族、宗教和语言的关系也很密切，这从拉丁语由日常用语转变为宗教和医药领域使用的语言、梵语成为佛教的宗教语言、阿拉伯语成为伊斯兰教认同的宗教语言中均可看出。

语言是民族文化的载体和血脉，是民族文化赖以生存、发展的基础。宗教和民族往往总是结合在一起，语言、民族和宗教之间纵横交错、难分难离。多数民族都有自己独具特色的语言，语言是民族识别的重要标志之一，也是民族认同感和向心力的重要纽带。语言的消亡意味着一个民族文化的彻底消亡。因此文化的多样性、民族的多样性、语言的多样性都是人类社会宝贵的财富。人们对民族语言的认同，本质上就是对具有共同民族特征的族群的认同。

每种语言都打上了自己族群的深深烙印，都有着自己族群的明显特点。不仅如此，族群语言中还有不少专门的词语，是族群特定的文化标记和身份象征。每一个族群的语言中，都有不少本族群特有的、专属的民俗词语。这些民俗词语为识别民族的群体特征带来很大的便利。这些民俗词语代表的民俗事象可能在某一族群中得到认可，但在其他族群中却得不到认可。语言特征，包括有声语言、身势语、艺术符号、服饰元素等，一直是识别民族的重要标准和依据。以民俗专有词语为代表的族群语言，吸附着、关联着民族的宗教信仰、思维方式、风俗习惯和文化样式。语言的族群身份认同是一种文化心理的趋同现象，语言身份的相似度越高，文化心理的认同度也就越高。当语言成为重现或追溯民族文化最直接的方式时，它就不再单单是一种交际的工具，而变成了文化的象征，具有了文化身份。使用一种语言，就是选择了一种文化，并以这种文化身份存在。这种共同的语言身份特征，将具有相同文化背景的族群联系在一起，使他们即使身处异地他乡也能获得社会归属感和情感慰藉。

“认同”和“身份”的英语单词都是identity，可见二者关系之密切。国外对语言身份的认证一般有两个标准，一是语言沟通度，二是语言认同度。因为即使可以互相沟通的语言如果互相不认同，亦为不同的语言，因此语言认同标准甚至比语言沟通标准更加重要。中国的语言识别十分注重语言使用群体的民族族属，即同一个民族尽可能使用共同的语言，民族的识别也会加强群体内部民族和语言的认同。

第三节　语言与人类文明积累

达尔文及其追随者提出伟大的进化论观点。他们认为，人类是古代的类人猿经过漫长而复杂的进化才成为今天的样子的。在这一过程中，类人猿慢慢学会了制造工具，学会了使用火，学会了种植，在这一过程中也逐步产生了语言。

语言的产生是一个渐进的变化过程，在此之前人类社会还经历了一个前语言的发展时期。“当人类的祖先与猿类分手之前，一定也不具备发出语音中的元音的双道共鸣系统（双生门气腔系统），这个系统一定是人类在后来的自身的进化中单独发展起来的。换一句话说，那时候人类的祖先一定还没有有声语言。”[①] 由于材料的缺乏，以及时间过于久远，学术界至今还无法确切地知道语言产生于何时。“法国语言学家海然热把语言产生的时间估计为智人出现之后。苏联语言学家墨山宁诺夫认为，有声语言产生于旧石器时代晚期。有的学者推断，尼安德特人已经能够发音，克罗马农人可以发出短促的声音。无论人类语言产生于何时，但有一点可以肯定的，这就是，人类语言从产生到发展为流利的语言是一个漫长的历史过程，原始人类曾经历了一个无完备口语的艰难时代。”[②] 今天，人们自由、畅快地用语言进行交际，但在语言产生之前的人类历史上，人们如何进行交际、如何传递信息和如何审美，漫长的岁月湮没了具体的情形，哪怕是当时人们交际的蛛丝马迹也荡然无存，现在只能推测到大概的情况，却永远无法复原当时的情景。

语言通过语言要素的相互配合在人类社会中发挥着重

---

① 刘民钢：《中国境内远古人类的语言起源时代的初步研究》，《上海师范大学学报》（哲学社会科学版），1994年第2期。

② 菲利普·李·拉尔夫等：《世界文明史》（上卷），商务印书馆，1998年版。

要的作用。其中，词汇是语言的建筑材料，借助声音形象和语法规则发挥作用。词汇记录了人类进化的历程，记录了文明发展的过程，记录了社会变革的方方面面。人们发明的词汇，是人类进入伟大信息时代的强力助推器，正是由于词汇的存在，人与自然界的其他物种才有了新的等级划分。当然，词汇本质上是语言三要素之一，如果仅仅存在于口语当中，那么它的作用将大打折扣。

人类的口语是转瞬即逝的，在原始社会条件下没有任何的储存手段和措施。如果仅仅依赖口语，人类的知识传承和积累将无法进行，人类发展的速度必然极其缓慢。文字的产生，使这一状况得到彻底的改变。有了文字以后，依赖于语言文字的存储、传承和延续文明的功能，人类社会的发展变得更加迅速。最早的文字产生于大约 7000 年以前。文字的产生可说是人类运用语言的一次极大的飞跃。在语言的不断发展和进化过程中，词汇的数量大幅增加，词汇承担的任务越来越重，这就为人们的记忆带来很大的难度。通过语言文字，人类代代累积的文明得以保存。人类社会一代一代层垒叠加的社会生产经验，就是借助语言文字而保存下来、流传开来，并最终发展为今天的社会文明的。

每一种语言都有永生的可能性，但是这并不意味着这一美好的愿望能够真正实现。好比说基因以及它们所编码的物种，都可能是永生的；但是在古生物学中，物种的绝迹现象却是司空见惯的。同样，语言的生命力也是各不相同的，在人类社会发展的过程中已经有过无数次语言的兴废更迭。不管是瞬息万变还是潜移默化，变化是世界永恒的主题。世界上的语言是随着人类社会的产生而产生，随着人类社会的发展而发展的。在远古时期，不管人类出于多源还是一源，世界上某一种语言的使用者都基本固定于同一个社群。在当时交通不便、生产力低下的社会环境中，不同社群的人们之间频繁地往来和沟通是很难实现的。随着后来族群之间的交往与沟通，人类的语言也出现融合与竞争。随着现代社会的全球化、网络化，一些语言逐步消失了，但据统计，目前世界上仍有 5000 多种语言。在远古时期，语言的丰富多样性应该远远超过当代社会。目前世界上使用人口超过一亿的语言共有 11 种，汉语是目前使用人口最多的语言，英语是流传范围最广的语言。另外还有许多使用人口不超过 10 人的语言，在当初应该也是一个较大的社群，只是在发展的过程中因为种种原因导致使用者日益减少，逐渐成了现在的样子。当某一种语言使用人数众多、分布区域广泛时，与这种语言有关的文明就会流传越广；反之，当使用一种语言的人数锐减、分布区域萎缩时，这种语言承载的文明就会相对衰落。

关于语言在人类知识积累和文明传承中的重要作用，著名的人类语言学家萨丕尔有过非常精彩的论述：[1]

---

① ［美］爱德华·萨丕尔：《语言》，《萨丕尔论语言、文化与人格》，高一虹等译，商务印书馆，2011 年版，第 11～12 页。

在文化的积累和传承中，语言使用的重要性是毋庸置疑的。这不仅适用于复杂的文化层面，而且也适用于原始的文化层面。原始社会的大部分文化积累，都是通过较为精确的语言形式呈现的。成语、医药公式、标准祈祷语、民间故事、标准演讲、歌词、家谱等，都是语言作为文化保存工具的较明显的形式。实用主义的教育理想尽可能地削弱标准化知识的影响，让个体通过与现实环境的直接接触来教育自己。原始人显然没有实现这一理想，他们同人文主义传统本身一样，都无法脱离语言的束缚。也许很少有文化像中国或犹太文化那样将词语当作实物，将个人经验当作现实的基本单位。如果没有语言将他们保存为永久的文献，就很难想象整个现代文明的存在。

阅读材料：

语言与人类的起源①

三万多年来，人是人科的唯一存活的属中的唯一存活的种，人跟最近的现存亲属的共同祖先是一千万年或一千五百万年以前的物种。为什么会这样？为什么在黑猩猩或大猩猩跟人之间就没有一连串物种像桥梁般架在鸿沟

① ［美］霍凯特：《现代语言学教程》，索振羽、叶蜚声译，北京大学出版社，2005年版，第616～618页。

之上？生物地理学家告诉我们，关系密切的两个物种不可能并存于一个生态龛里。如果一组有亲属关系的物种或品系在一个生态龛里互相竞争，最能适应的物种或品系迟早会排挤掉最像（谱系上最接近）自己的竞争者，而关系较远的则能生存下去，因为它们跟前者的竞争不那么直接。这是一场冠军吃掉亚军（或与之融合）的赛跑。这也是使有些品系变为不同物种的原因之一，因为它们毁掉中间的类型而把自己孤立起来。

首先，很早的时候，遗传的变化使文化传授成为可能，后来，遗传的变化又允许出现语言。在这些使前人类的物种变为真正的人的适应中，分异的好处对于各种生态龛都是巨大的，它使不彻底的遗传适应在亲属品系间没有出现的机会。

全体类人上科都有比较大的脑子，这个情况的出现可能跟上述两大发展中的一个发展有关（学习容易了，因而出现文化传授）；考古发掘证明，更新世早期的人科已使用简单工具和烤火取暖，这也是佐证。同样，人属的各个种都出现极大的脑子也可能跟上述的第二个发展有关（出现真正的语言）。可是这样的推断靠不住。特别是我们必须避免做出简单的假设，仿佛由遗传决定的大脑体积或复杂的增长必定先于关键的功能发展。相反的情况倒是可能正确：新的功能发展，例如出现能产的语言，可能是有利于遗传选择较大脑子的关键因素。

我们从以上得出尝试性的结论，即文化传授先于装置复杂的交际。可是语言的发端反过来必定又给文化传授以极大的推动。语言对文化传授的关系是不难说明的：社会的新成员一旦开始掌握语言，他那已经学会的部分就成为强有力的载体，帮助他去获得语言的其余部分，以及别的交际系统和文化中通常不认为是交际的方面。通过已经理解的符号进行学习，可以避免通过直接参与进行学习而碰到的大量危险。……个人不但有人告诉他如何追求目标，而且在许多情况下还有人告诉他追求什么目标。没有能产的、文化传授的语言，人类文化作为整体绝不可能扩散。

反之，假定有一种类人上科的动物掌握了文化传授的、具有可以设想的最早形式的真正的语言，难么，像我们所知道的那种人类文化就不可避免地会扩散开去。一个能产的交际系统会立刻开始沿着我们讨论过的习语形成的道路一边改变自己，一边改变掌握语言的人的其他方面的行为；这恰恰是把愈来愈多的活动类型纳入文化领域的过程。语言是最重要的技术装备，谁掌握了语言，语言就给他增加生存的机会……

第五章
语言与社会

语言这面镜子反映着存在的一切事物。在语言中，而且只有在语言中，我们才能遇到我们在世界中从未遇到的东西，因为我们自己就是这些东西（而不仅仅是我们所意指的或我们对自己所知的东西）。然而镜子这个比喻对于语言现象来说并不完全恰当，因为最终说来语言根本不是镜子。我们在语言中所感受到的并不仅仅是对我们自身和一切存在的“反映”；它是生活，由于生活而与我们相关——不仅仅在劳动和政治的具体的相互关系中，而且在构成我们世界的所有其他关系和依赖中。

——［德］加达默尔《哲学解释学》

第一节　话语权和语言竞争

关于话语权，通常的解释是“人们依法所享有的提出个人见解的权利。也指控制影响舆论走向的支配力量。”[1]也可以这样说，话语权就是语言主导权和控制权。不论是个人、家庭还是团体、单位、国家，凡有人群的地方都存在着话语权的问题。话语权是一切社会组织中领导者必须掌握的一种权力，也是该组织中成员之间保持协同一致有效沟通并实现特定目标的重要条件。“由于话语权是一种权力，因此话语权的实施会受到实施话语行为的主体和客体之间的社会角色和社会关系的影响。社会角色和社会关系的不同对话语权产生直接的影响。”[2]

家庭成员是通过血缘关系凝结到一起的，家庭关系中的长幼之序、人伦之礼都能够影响到话语权。我国古代讲究“父母之命、媒妁之言”“三从四德”“在家从父、出嫁从夫、夫死从子”，其实是家庭内部话语权的一种制度性安排。在更早的远古时期，从漫长的母系氏族社会逐步过渡到父系氏族社会，话语权也经过了一个更迭迁移的复杂过程。在母系氏族时期，母亲的话语权要大一些，甚至占有绝对的支配地位，我国云南的摩梭人现在还保持着一些母系社会的社会秩序和风俗习惯。进入到男权社会之后，男性的地位迅速提高，最终导致男性在家庭伦理关系中占有优势地位，进而掌握了决定性的话语权。

---

① 中国社会科学院语言研究所词典编辑室：《现代汉语词典》（第6版），商务印书馆，2012年，第562页。

② 朱跃、朱小超、鲍曼：《语言与社会》，北京大学出版社，2015年，第210页。

在社会关系中，掌握话语权的人往往居于强势地位。造成强势地位的原因可以是阶级、阶层、社会地位、年龄，也包括其他具体的关系，比如债权和债务关系、买卖关系。居于强势地位的一方在话语权方面具有绝对的优先权和控制权，“享有权力优势的人，往往就拥有主动的话语权，可以实现自己的控制能力；而被控制的人拥有的则是被动的话语权，因为他们没有主动权实现话语的释义。”① 在社会关系中，话语权总是表现为强势与弱势的个人之间的语言竞争。更多的时候，话语权往往通过组织或者团体来发挥作用，或是通过法律、政策、文件、通告和会议决议等形式体现。国家发布的法律法规和政策，就是通过对话语权的占有来推行政府想要表达的内容，这些内容未必是全体公民都认可的，但它却是维持社会正常运转所必不可少的重要手段。政府机构、公司、行业协会以及其他组织，往往通过文件、会议决议等方式来发布他们的政策或者推进他们的工作。如果这种权威的话语权受到挑战，那么团体或组织的公信力就会动摇，久而久之就可能使组织或团体内部人心涣散，甚至会直接危及组织或团体的安全。

家庭内部、社会组织或者团体内部的话语权常处在变化之中，话语权的竞争、斗争、转移和改变是一个过程。一般来讲，这些多是在同一种语言之中进行的。强势的一方行使

① 朱跃、朱小超、鲍曼：《语言与社会》，北京大学出版社，2015 年，第 210 页。

话语权通常是采用一些特殊的语气语调，选用严厉的、坚定的、不容置疑的词语，或者选用命令、反问等不同的句式来造成不容分辩、已成定局的气势。但是话语权并不是一成不变的，永恒不变的话语权是不存在的，也是不现实的。特定关系中双方话语权的让渡是常见的社会现象，话语权转变的实质是家庭、社会和国际力量之间的平衡被打破后的重新调整。

在世界范围内，话语权的问题长期普遍存在。在人类进化和生存竞争的过程中，在各种经济、社会、军事、文化的竞争中，语言一直扮演着先锋的角色。有人群的地方就存在语言竞争，就有争夺话语权的问题。我国古代的诸侯国会盟，实际上就是一种对于话语权的争夺。

要想在国际竞争中掌握话语权，除了发展经济、提高政治影响力之外，还需要有意识地推广承载话语权的民族语言。不可否认，目前在全世界范围内，美国的实力最为强大，在世界事务中的话语权也最大。在具体的语言表现方面，就是全球化的进程中英语（美语）占据了绝对的主导地位。英语是联合国使用的六种工作语言之一，是美国和英联邦国家的官方语言，也是不少被英国殖民过的国家和地区的官方语言或日常生活语言。在互联网领域，美国最早发明了互联网并用于美国军方，后来才扩大到民用。世界各国纷纷从美国接入互联网，互联网在全世界范围内蓬勃发展。由于互联网是从美国兴起的，英语就成为互联网上的强势语言。据统计，全球讲英语的人口达 17 亿，讲英语的国家国内生产总值占全球的40%，全世界半数以上的科技书刊和译著都用英语，全球开设国际广播电台的86个国家中，只有8个没有英语广播，互联网上80%以上的网页使用英文；而开设汉语广播的只有20个国家，中文网页只占12%。现在全球80%以上的网上信息和95%以上的服务信息，由美国提供。19世纪末20世纪初，英国人凭借坚船利炮和殖民主义，把英语推广到了全球的许多国家。20世纪以来，美国的霸权地位进一步强化了英语在全球化过程中的垄断地位。“二战之后，美国成为军事强国和技术盟主，使得英语超过法语成为外交、贸易、科技、教育的第一大语言。20世纪50年代以后，美国、英国倾力向世界推行英语，英语的势力急剧扩张，成为当今的超级语言。”[①] 欧美发达国家的政治、经济、文化、科技和军事等综合实力在全世界占有绝对的优势，在这些因素的支撑之下强化了英语作为世界通用语言的地位，同时由于英语使用区域的广泛性也进一步促进了欧美国家各方面的发展。

第二节　语言消费

把人类凝聚起来有多种多样的组织形式和手段，但语言是把人类凝聚起来的一种最根本、最直接、最经济、最有

① 李宇明：《信息时代的中国语言问题》，《语言文字应用》，2003年第1期。

效的手段。人类的生产生活与交际消费不仅越来越需要借助并通过语言来指导进行，而且语言本身也日益成为生产和消费的对象。互联网时代的到来，使每一个人都有可能直接生产、消费语言——由各种各样语言编制而成的产品与服务。目前，人类已经进入了一个语言消费的"大爆炸""大裂变"时期，社会对语言的使用迅速增长，新的语言生态正在形成。人类进入了一个语言消费和使用的高峰期。当世界正在变成一个地球村，人与人之间的交流，地区、国家之间的交流越来越频繁，语言在交际中的作用受到空前的重视，语言消费成为社会发展必不可少的内容，但也因此带来这样那样的问题。这些问题有国家内部的，有国际层面的，也有多种因素交织在一起的。近年来，人类社会进入大数据时代，社会发展的速度远远超过了工业革命时代。语言的存量和增量都非常惊人。现在的一个网页、一个网站一天的信息量，就要数倍于以往一年当中新增的信息量。正是在这种情况下，语言作为一种特殊的消费品就格外引人注目。

作为一种观察语言的视角，可以从经济学的角度考察语言消费问题，从不同于往常的层面发掘语言的价值。对此，荷兰人类学家艾布拉姆·德·斯旺有过精彩的论述：[①]

① ［荷兰］艾布拉姆·德·斯旺：《世界上的语言全球语言系统》，乔修峰译，花城出版社，2008年，第32～33页。

经济学会把语言看作什么样的物品呢？全世界随处可见。人们只需要学习自身环境中使用的语言就可以了。掌握到一定程度，就可以随心所欲地使用了。想什么时候说就什么时候说，想说多久就说多久，只要别人不烦，滔滔不绝的成本并不比寡言少语高。显然，语言不会因为使用而消耗，恰恰相反，只要勤加练习，就能获取该语言更大的潜能。而且，对一种语言来说，使用它的人越多，它对每个使用者的价值就越大，语言的这一显著特点，使它和大多数经济品区别开来，后者一经使用就被“消费”掉了。

语言是一种消费品，但它和普通的消费品有本质的不同。它并不因为消费而损耗，反而会在消费中不断取得新的价值。“语言消费”是个新产生的概念，但语言消费的内容却是很早就有的。在古代，语言的生产和消费牢牢掌握在特权人物手中。虽然普通大众也在使用语言，但是在某些特殊的领域，只有特权阶层才有资格使用和消费语言。比如古代负责祭司活动的巫和祭司掌管着祭司语言的生产和消费活动，普通百姓无权干涉和参与，巫和祭司便成为拥有一定特权的语言生产者和消费者。随着社会的发展，人类对于语言的消费越来越普遍，以前语言消费的种种特权逐步被打破了。

在信息时代，语言的消费属性随着语言使用日益广泛多样化而将无限地放大。由于国家与国家之间、不同的社群之间交往越来越频繁，语言在其中的作用越来越重要。人们在接触当中不断地使用语言，创造新的语言形式，激发语言中的新能量、新价值，语言在人们的生活中也扮演了越来越重要的角色。在信息化、网络化和全球化的今天，传媒业空前发达，广告行业不断采用新鲜的语言刺激着人们的感官，并引导人们进行物质和文化消费。各种传统的、新型的媒体不断变化和调整语言使用策略，通过新奇的表达方式来吸引更多的人关注。国际互联网的普及，移动终端的出现，导致全世界出现了语言消费热，人们利用各种各样的网络手段进行交际，语言因现代科技手段的介入进一步打破了时空限制，使人与人之间、不同国家之间的畅通无阻的交流和沟通成为可能。

传统的语言消费过程，基本是单向型。消费者使用产品之后，就完成了消费活动，他无法对自己的消费感受发表意见，也不能在此基础上成为语言消费中提供消费品的一方。但是随着新兴媒体的出现，消费主体的方向性开始发生了根本性的变化，单向消费被多向消费所取代。人们在消费掉语言产品后，可以利用微博、微信、博客和论坛等灵活多样的自媒体发表消费的感受，他们的消费感受也成为新的语言消费品。“这实现了当下语言消费多向性的转变，使之表现出非线性的‘互文’特点。此时，语言消费的主体不再限于孤立个体，而是呈现为一对多甚至多对多的群体性‘语言游戏’……如今互联网上一个个‘集结’，一次次的话语狂欢，众声喧哗式的语言生态充分展现了语言消费的怡情性。此时，语言消费的媒介不再只是封闭的文本，而成为一个开放性的系统，语言消费的主体进一步表现出一种辐射型或环型形态，消费语境呈现为多维、立体的消费空间。”①

正是在这样的社会背景下，人们把语言当作一种新型的资源来看待，并且在日新月异的社会环境中不断地开发语言的潜能，通过各种途径开发和挖掘语言资源，创造语言红利。语言消费出现了更多的新样式，传统的消费方式增添了新的内容，扩大了应用范围。“辞书编纂、语言翻译、语言教学资源开发、语言信息检索、自然语言的计算机处理、计算机字库设计、键盘文字输入法、语音识别和语音合成、语言代码设计、语言知识库、语料库、语言广告设计、命名、语言康复治疗、书法等等，不胜枚举。”②其中，辞书编纂、语言翻译、语言信息检索、语言教学、书法、命名等都是长期以来就一直存在的语言消费项目，在新的社会条件下这些项目包含的内容不断增加，社会价值和经济效益也越来越显著。还有一些项目是在新的社会条件之下逐步兴起的，这些项目自从诞生之日起，就有一种蓬勃发展的气势，

---

① 毛延生：《“语言消费”前景值得期待》，《中国社会科学报》，2014 年 3 月 31 日。

② 赵世举：《语言与国家》，商务印书馆、党建读物出版社，2015 年版，第 97 页。

通过计算机、媒体、软件等新兴的载体来承载语言消费，今后还会保持更加良好的发展势头。不仅如此，语言消费的兴起除了使语言翻译、语言教学等相对传统的职业变得炙手可热外，还带动了许多新兴职业的产生，语言工程师、语言治疗师、语言认证师等新兴的热门职业就是如此。

语言是价值的符号及其载体，语言消费常常通过文化产品的消费来具体体现。某种程度上，文化消费就是一种语言消费，是人们精神世界需要的重要内容。在全球化、信息化发展日新月异的今天，世界各国都敏锐地认识到语言消费对于国家的发展，对于提高国际竞争力的重要价值。对于一个国家而言，通过语言消费可以发展本国的文化事业、提升国家的软实力；对于国际竞争而言，可以通过语言消费传播国家的价值观念，提升国家的国际影响力和竞争力，促进国与国之间的文化交流。美国大片、韩国电视剧、日本动漫等都属于典型的文化产品，这些带有明显的以文化符号为特色、以民族语言为载体的文化产品都要通过语言来具体体现。通过这种以语言为基础的文化产品的消费，不仅为输出国赚取了可观的经济效益，还传播了这些国家的文化、价值观念，促进了不同文化背景的人群对于这些观念的认同，在潜移默化中既取得了经济效益又获得了社会效益。

语言消费同多种因素密切联系在一起，渗透在日常生活的方方面面。语言消费是推动经济社会发展的助力器。围绕着语言消费，相关生产、技术、营销与服务等发展迅速，语言消费正在催生形成庞大的语言产业。“语言产业大致可以分为提供语言内容的产业和对语言内容进行处理的产业，前者是语言内容产业，它的产品指向是语言本体，如语言培训、语言出版、语言翻译等；后者是语言处理产业（包括软硬件），它的产品指向是各种语言设备和技术，如录音设备、翻译设备、文字识别设备、文字输入法、文字处理软件等。”[①]总之，语言消费的内容琳琅满目，而且语言消费所有项目都与国家、社会和民众生活息息相关。它在社会生活中占有极其重要的地位是显而易见的。

同时，经济、社会与科技的进步又为语言产出发展提供了更加广阔的空间，多语言沟通、人机对话、无障碍语言交流等在经济发展方面的重要性越来越突出。语言已成为经济活动的重要内容。随着语言在社会上的重要性被人们越来越清楚地认识和揭示，语言的经济价值也得到人们高度的重视。甚至语言能力的强弱，已经成为衡量一些国家经济发展水平高低的重要影响因素。对 133 个国家的数据分析表明，一些国家的人均 GDP 跟国家语言的统一性是成正比的。虽然很少有国家在制定国民经济规划时考虑语言的因素，也很少有国家在制定语言规划时明确意识到语言的统一对经济将会产生影响，但是语言的统一无疑有助于

① 贺宏志：《语言产业引论》，语文出版社，2013 年，第 55 页。

人员的流动、商业的发展和货物的流通，有助于国家经济总量的增长。在瑞士，语言对经济的贡献度为10%，“每年可以为国家创造500亿瑞郎（约合人民币3040亿元）的GDP。”[①]而《欧盟语言产业规模研究报告》显示，欧盟国家在2009年有超过100亿美元的收入是语言产业带来的，这一数字到2015年预计将会达到200亿欧元。直接的语言产业收入已经令人咂舌，还有一些与语言密切相关、非直接地由语言带来的收入没有计算在内，比如服务员通过提高语言表达能力带来的收益、企业培训讲师为企业增加的效益等，而这方面的收益肯定也数额巨大，甚至有可能远远超过直接的语言产业带来的收入。

语言是民族文化的外化表现，也是民族精神、价值观念的外在表达。语言产品本质上是文化产品。语言消费过程中，不可避免地把语言消费和国家竞争捆绑在一起。对于语言产业产生的巨大经济效益，各个国家都有目共睹。所以，一些国家经常会对来自其他国家的语言产品设置层层的贸易壁垒，导致语言产业的发展遇到本可以避免的政策瓶颈。文化输入和反输入是国际贸易领域司空见惯的拉锯现象，卷入其中的国家经常会展开持久的论战，语言消费方面出现的这些棘手的、难以一次性根除的问题给世界贸易造成

① 原载瑞士资讯网站（www.swissinfo.ch.htm），转引自赵世举：《语言与国家》，商务印书馆、党建读物出版社，2015年，第21页。

严重的、无法挽回的经济损失。但面对文化的输出，各国的反应均是如此，因此冲突和摩擦是不可避免的。

语言消费还与国家安全密切相连。许多国家的社会动荡都与语言有着直接关系。从美国针对各国的手机监听事件到俄罗斯拒绝使用苹果手机，从巴基斯坦宣布乌尔都语成为国语引起的抗议到乌克兰1991年独立后的语言政策调整带来的动荡，都体现出了语言消费与国家安全之间的重要关联。正因为语言消费不仅是一种个人行为，还关系到国家安全、社会发展，各国对于语言消费都日益重视起来。

阅读材料：

国家语言和民族语言①

整个历史上，人们认同自己的语言，也认同那些和自己说话最相似的人。的确，通过认同其他说同一语言的人，各民族的“国家”观念出现了，就在最近，多民族、多语言的国家通常像踩在两条腿的凳子上一样，且主要原因是语言——人们只需想想比利时、加拿大、巴斯克和其他类似麻烦的社会就明白怎么回事了。一个公认的国家语言本身就意味着它具有“显赫方言”的概念，通常是因为说这

① ［新西兰］斯蒂文·罗杰·费希尔：《语言的历史》，崔存明、胡红伟译，中央编译出版社，2012年，第141～144页。

种方言的人最富有、最有权势，而那些不说这种方言的人相对贫穷、没有权势。至于（用来教人如何使用语言的）规范语言和（显赫方言的）的“标准发音”，就像新帽子一样是件时髦东西，不断地重塑着非显赫方言。现在，借助于收音机、电视和因特网，显赫方言的“轰炸”全球范围都在发生。

相比之下，最近英国广播公司（BBC）的“现代化”基本上已经消除了所谓的“BBC”英语——一个很容易辨认的英语标准发音。这一发音长期以来评价很高。现在在英国或新西兰的老一点的观听众，一听到BBC里面他们认为低级的发音就会表现出忧虑；他们认为不仅“水准低”而且“糟蹋了雅品味”。但在现存语言的长篇故事里，这些抗议显得微不足道。“高级”方言只是幻想，因为特殊方言自身很快就会变化且/或丧失特殊性。

一个国家所有的方言——地理的、民族的、“上层—下层”社会的、种族—社会的（黑人在“上层”—白人在“下层”，或者相反）、权威的、贵族的和其他的方言——和交往的影响（例如，法语对英语影响了近千年）一次促成了语言融合，这也是地球上所有语言的特点。在城市社会语言学中，人们一般遵循“标注本地语模式”，借以提出“权力”与“团结”，“更高”与“更低”（的社会等级）、“开放的网络”与“封闭的网络”等等对立概念。可是，人类历史上绝大多数时候，是以较小的社会群体为特征的，显然与这些对立明显不相干；正如通过对非洲小语言的研究所表明的那样，以邻近地区和祖先的说话为准则，语言变化概念清晰、秩序井然。

实际上在多民族社会中，一些族群比其他族群表现了更强的地方主义，并且对有同类人的特别地域有更强的意识和忠诚。例如：欧裔美国人比非裔美国人更具有地区性（统一地区内的人联系紧密），在行为和语言上，后者更趋于族群同化（同一个地区内的人比较有独立性，和非洲社群相反）。而一国内的各个族群，他们的口语每天都在不断地塑造和改变着国家语言，这就像调料一样，放到法式杂鱼汤（比喻国家语言）里，就改变和丰富了汤的味道。美国黑人的口语近几年主要通过音乐、电影和电视在很大程度上影响了欧裔美国人，尤其是青少年。当然，一个显赫方言可能表面上引人注目，但是一个语言中所有方言合起来作为一个强有力的整体，那么给人的印象就深刻得多了。但在使现存语言繁荣的动态乐曲中，显赫方言是一个很富有表现力的成分。

据说，在公元前五世纪初，历史学家希罗多德写道："整个希腊社会，属于一个血统，同说一种语言。"这句话意味深长。整个人类历史的大部分时期，血统就是语言。由于人口较少，那些和你说话相似的人通常和你有亲戚关系。几万年来，这种血缘关系产生了同类语言所围绕的信仰。反过来，外来语言威胁它。说相同语言的人联合起来，先是组合成城邦，然后公侯国，最后成为国家；与此同时，他们会碰到不同语言的人，从而导致越来越大的冲突。这就确定了邻国之间有一条更明确的边界——一条因语言不同而形成的边界。

现在人们忧心地看到：在加拿大，说英语和说法语的分隔正威胁着国家统一；原苏联正是大体沿着语言边界而轰然瓦解的；在非洲，很多战争几乎都是在不同语言的部落间发生的。最近在美国，来自南方各地的数百万说西班牙语的人已经引起人们的反感，很多人要求修改宪法："只准使用英语"——从法律上使英语成为美国"官方语言"。同样荒唐的事俄国的人也做过，从而增加了国内的分歧。

"语言隔离"的观点无法正确估量人类的语言驱动力；为了促进合作、确保人类生存而相互吸收、相互联系的力量。中世纪的英语在 1066 年后没有被诺曼法语所糟蹋、摧毁，反倒被丰富了许多。同样，900 多年后的北美人或许会享有"西班牙进入英语"的丰富硕果。

在发展中国家，作为社会和谐的有效指标，人们对国家语言和地方方言二者的地位产生争论。由于语言间的接触，人类对它的社会作用——是使社会统一还是分裂，是形成新社会还是导致战争——看法不同。多语言文化卷入麻烦之中，不断经历冲突摩擦。近段时间，民族国家的产生增加了自上而下的人为压力，使这种摩擦更加严重。在大多数的多语言国家里，二战后民族解放运动重新强化了独立后的官方语言问题。从那时起，对语言的社会影响进行了深入研究：对一个语言社群认同的需要也表明了“家”的概念现在已经被看成是社会最主要的基本需要。进而在大多数西方国家，少数民族的权利问题同时已经影响到了对他们的语言和方言的认可，出现了诸如芝加哥西班牙语、美国黑人英语、英国黑人英语等新语言。少数民族的语言认可是一个古老的话题，它困扰着公元前 1600 年克里特岛上的普坦人和利比亚人，公元前 200 年埃及的希腊人和公元 200 年不列颠的罗马人和日耳曼人——实际上，所有时代的少数民族都受到困扰。

第六章
语言与文化

某种语言和文化不会独立存在，它们要和其他语言和文化并存；语言和文化的边界也不会固定不变，它们要随社会历史的变化而变化，随政治经济结构的流动而流动。此外，即便在同一个语言文化圈或社会内，也存在大量的差异，这些差异有时会大于对外的差异。语言接触和文化交流是当今语言和文化的主要存在形式。

——纳日碧力戈《语言人类学》

人类社会区别于动物世界的两个特征，是人类始终进行语言活动和文化活动。虽然动物也有相互间进行交流的语言，但缺乏创造性和无限生成性，因而动物语言无法与人类语言相比。而且，人类可以在语言活动的基础上进行文化创造，而动物显然不具备这一能力。

从发生学的角度看，人类真正形成是以语言的出现为标志的。作为一种符号性的交际工具，语言使人类更广泛、更快捷、更深刻地交换信息成为可能；借助语言的信息储存功能，人类可以不断积累经验和知识，不断扩大视野，不断提高劳动效率，人类改造自然的能力越来越大。语言真正促成了人类自身的进步和社会的发展。

伴随人类自身的进步和社会的发展，一个与语言密切相连的人类现象——文化也出现了。文化是人类社会的一种生存样式，是人类能动创造的产物。人类语言产生后及随之在语言基础上开展的一系列人类活动推动了文化的交流和创造，文化的发展使人类拥有更适宜的生存环境。如果从语言出现是人类形成的标志这一角度分析，语言则成为决定人类文化产生的重要因素。或者说，没有语言就没有人类的文化。在某种意义上，语言是编织文化之网的线绳，是文化大厦的基础，是文化传承的血脉、文化创造的工具，更是文化保存、激活、转化的媒介。缺少了线绳、基础、血脉、工具、媒介，文化也将无所适从，无所表现，无所依附。

从广泛的意义上讲，语言也是人类文化的一部分，语言在文化的发展、完善、积累中发挥着重要作用。失去语言的人类生存状态，不仅社会的发展会受到极大限制，恐怕社会的正常运转也将受到威胁。美国人类学家怀特说："没有言语，我们就没有政治的、经济的、军事的、教会的组织，没有礼仪和伦理，没有法律，没有科学、技术和文学，没有游戏和音乐（除非停留在猿的游戏水平），没有清晰的语言，礼仪的完备将毫无意义……”[①]

语言不仅是文化产生的决定性因素，还是实现人类文化记忆的手段。人类从最初简单的文化创造，到今天以云计算处理的高端海量的文化出现，无一不可用语言的方式加以整理储存。从这个意义上说，人类对文化的学习，最重要的是对其语言的学习。这里包含三层意思。一是对语言基本构成要素的学习，包括语音、词汇、语法等。二是对不同学科语言的学习，特别是现代文化存在多学科分化的性质，不同学科特殊语言的学习就显得尤为必要。三是对语言能指与所指的学习，即通过学习自己感官所把握的以物质形式呈现的语言，去领会符号组合后所呈现出的整体意义。在这三层语言的学习中，第一种能力是一般文化学习的基础，第二种能力是专业文化学习的基础，第三种能力是所有文化学习都必须具备的，而且是最重要的能力。一个人通过语言学习对文化掌握的多寡、深浅，最终要看第三种能力是否强大。

如果对语言与文化的双向关系做一般意义上的阐释，我们可以从两个方面切入。一方面，从作用和反作用的角度看，语言与文化相互制约、相互影响。语言决定文化的产生和发展，文化的进步也会带来语言的丰富和完善，最明

① ［美］怀特：《文化科学人和文明的研究》，曹锦清等译，浙江人民出版社，1988 年，第 32 页。

显的例子莫过于文化高度发展的今天，词汇量较之过去丰富得多，而语言的表述功能也比过去精密得多、准确得多。另一方面，从反映和被反映的角度看，语言和文化是相互反映的关系。一定的语言结构、语言表述方式，往往反映了使用该语言的民族特有的心理、特有的思维方式和特有的价值观念，而一定的文化特征又必然在具备该文化特征的民族所使用的语言中有所反映。比如使用汉语的汉民族与使用英语的西方民族，其文化上的不同就可以从两种语言的语言特征中找到一些答案，反之亦然。

第一节　语言与民俗

大致而言，操持同一种语言的人群或族群固守着基本相同的民风习俗，而固守不同的民风习俗的人群或族群往往在各自使用的语言上有差异或在根本上使用两种不同体系的语言。语言与风俗的这一关系在不同的国家之间、不同的民族之间表现得尤为明显。

对于一种民族语言的学习，一定要结合当地的民俗才能真正掌握。比如，英语中有 I ask for twelve，but he gave me a baker’s dozen。这句话翻译成汉语是：我要十二个，他却给我十三个。为什么不用 thirteen 代表十三，却使用 a baker’s dozen 这个词呢？因为在信奉基督教的西方国家里，人们认为“十三”是一个不吉祥的数字，所以遇到“十三”

这个数字时总是想办法避开。西方国家里之所以有这种民俗，与传说中的耶稣基督蒙难有关。据《圣经》记载，耶稣的门徒中有一个叫犹大的人，为了三十个银圆出卖了耶稣，导致耶稣被钉死在十字架上。在耶稣被捕前夕，他特意邀请全体门徒共进晚餐。席间，叛徒犹大正坐在第十三个座位上，手里握着装有受贿得来的不义之财的钱袋。因为这个原因，世世代代的基督教徒们便将对犹大的这股怨气无情地发泄到数字“十三”上。此外，据说古代西方付给押送囚犯上绞刑架的刽子手的酬金也恰好是十三个硬币，而通向绞刑台的阶梯也是十三级，绞索也设计成十三个环扣。于是，英美人在表达“十三”这个不吉利的数字时，有时会用 a baker’s dozen 之类的委婉说法。不过，这里还有一个问题需要说清楚，即为什么 a baker’s dozen 代表“十三”？我们知道，dozen 一词代表十二，a baker’s dozen 应该是十二个面包。要弄清这个词条的意思，还是需要结合英语国家的民俗。据说 15 世纪时，英国的面包师卖面包经常缺斤少两，英国政府便颁布一项法令，规定每个面包必须重一磅，每打十二个不得少于十二磅，凡缺斤少两的都要受到罚款的处罚。为了防止被罚，面包店在出售面包时，干脆在每打十二个的基础上再搭送一个，于是逐渐形成每打面包十三个的习惯。后来，英国人和美国人就用 a baker’s dozen 来取代“十三”这个大家忌讳的数字了。由此可见，一个小小的词语隐藏着使用该词汇的民族多少丰富动人的民俗文化。

固守某种民俗的族群往往拥有为本族群独具特色的语言。山区居民的民俗不同于海边居民的民俗。关于这一点，单从活跃在山区居民口语中那些不为海边居民所拥有的词，如石桌子、石凳子、石碾子、石磨子、石屋、石墙、石路就可以看出。北方草原居民的民俗也不同于南方竹林居民的民俗。例如北方草原居民的语言中，马棚、马房、马栅、马鞍、马缰绳、马嚼子、马鞭、马车、马套、马路、马竿、马枪、马刀、马号、马工、养马术等词层出不穷，而南方竹林居民的语言中，出现较多的却是竹楼、竹布、竹杖、竹筏、竹篓、竹筒、竹凳、竹椅、竹床、竹席、竹篮、竹笛等词。

由于长期受专制统治的约束，中国人独立性较差，在人际交往中有普遍的人情期待和人情依赖心理。由此导致中国人经常有“吃了吗”“哪儿去”“多大啦”“你又胖了”等见面语出现。事实上，这些话没有多少实际的意义，仅是一种表示客套的招呼语，却句句涉及对方的私事。在西方国家，类似的见面语是有意避开的，因为他们的个人主义意识较强，像中国人这样的问候被认为是对个人隐私的侵犯。

进一步分析，民俗在某种程度上决定于语言自身的结构特征。比如，汉语结构以意统形，没有形态变化，断句灵活，强调语意上的自足，语义因素大于句法因素，这使得使用汉语的民族大多重整体判断和悟性，讲究意会而短于分析。英语注重句子结构的完整性，其词汇有形态变化，以动词为核心控制各种语法关系，语言组织严密精确，这使得使用英语的民族大多擅长分析性思维，重理性和逻辑推论。语言构造与使用上的差异，导致使用汉语和英语的民族在思维习惯上显示出某种不同。当然，由于民俗是个很宽泛的概念，诸如生存环境、生活方式、宗教信仰等都可能影响到民俗的形成，而不限于语言的构造与使用这一个原因。

第二节　语言与宗教

西方学者艾略特认为，文化是一个民族宗教的化身，文化的发展同宗教的发展紧密相连。而探寻宗教的产生和发展却不难发现，宗教教义的形成、宗教的传播以及宗教中各种神圣体系的完善，无一不依靠语言进行构筑。可以说，宗教借助人类语言的出现与运用得以形成和发展，语言是宗教建立过程中必不可缺的前提条件。

任何一种宗教教义，都是通过最基本的语言词汇来表达的。宣扬佛教教义的，如刹那、抖擞、心无挂碍、群魔乱舞、大彻大悟、海阔天空、三生有幸、作茧自缚、前因后果、生老病死、烦恼、尘缘、差别、平等、心猿意马、镜花水月、欲火、解脱、一刀两断、世界、觉悟等；宣言基督教教义的，如福音、罪人、恩典、盼望、试探、圣餐、天国、怜悯、知足、悟性、忍耐、自由、阿门等；宣扬道教教义的，如八难、采药、丹功、丹田、道化、鼎炉、方术、返璞归真、高功、火居、六气、炼丹、炼气、炼形等，无一不是如此。

宗教既然是在人类语言基础上创造出来的包括上帝、精灵、因果报应、赎罪等信仰体系，于是对宗教的皈依就具有了对宗教语言崇拜的性质。这时候，宗教语言就被赋予“神”的权威，成为语言拜物教的一种表现形式。在汉民族语言系统中，“天”这一词语并非仅指自然之天，它还指代能掌控人类命运的天神。在早期中国人的思维信仰中，天类似西方的耶稣基督，一提到“天”这个名词，任何人都会顿生敬畏之心。人们对宗教的种种感情，均是以语言为中介实现的。通过语言文字这个中介，宗教的思想教义得以渗透并融入人们的日常生活，进而成为一种行为模式。

进一步说，宗教之所以建筑在语言的基础之上，是由于语言所具备的多义性和模糊性为宗教的产生提供了可能。作为人类使用的一种符号，语言既指“一种书写的或印刷的记号，如某种字母或简写字等。它们多用来代表某件事物，某种性质，某种过程，某种具体的数量等”；又指“某种用来代替或再现另一件事物的事物，尤其指那些被用来代替或再现某种抽象的事物或概念的事物，如用来代表‘和平’的鸽子等”[1]。每一种语言符号都可以划分为形式和内容两部分。所谓形式，如这里提到的鸽子、字母、简写字，它们是“用来代替或再现另一件事物的事物”；所谓内容，如这里提到的和平、某种性质、某种具体的数量，它们是被代替和再现的事物。前者由于能表示、指称某一类事物，所以称之为“能指”；后者由于是被表示和指称的事物，所以称之为“所指”，又因为它是被表示和被指称的意义，所以又称之为“意指”。语言的形式和内容或者说能指和所指，在通常状态下是分离的，由此产生了语言的多义性和模糊性。宗教学研究中的语言学派认为，原始宗教正是利用了语言的不明确性和多义性，即语言符号形式和内容的分离、能指和所指的不统一这两个特性，才得以形成的。有学者指出：“各种宗教体系的宗教观念无论在内容上有何差别，都得通过一定的语言或文字形式表现出来。释迦牟尼在菩提树下所悟的道理，从内在的观念变为外在的语言、弟子集‘佛说’而成为佛教的经典。穆罕默德也是把他山洞中沉思默想所得的观念以及他自称听到大天使迦伯列传达的‘天启’，通过语言的宣讲，辗转形成《古兰经》和《圣训》。宗教观念一旦通过语言和文字表现出来，它就超出有关人体验和内在信仰的范围从而可能具有社会的意义，成为一种社会文化形式和宗教传道的

① 滕守尧：《审美心理描述》，中国社会科学出版社，1985年，第206页。

工具。”[①]

一方面，宗教离不开语言，说明语言之于宗教的重要性；另一方面，宗教的形成与发展也有助于语言的完善与进步。从语言学的角度看，宗教传播促进了语言的研究。比如，古印度宗教文献《吠陀经》在传播过程中，促进了古印度学者对印度语语法的研究，并最终在公元前4世纪前后形成了著名的语法著作《波尼尼语法》。这是一部用来讲解梵语语音和形态特征的语言学著作，对当时的语文学研究甚至对西方语言学的形成和发展都产生深远影响。

在宗教的长期传播过程中，社会上还形成一种特殊的宗教语言。宗教语言与一般的语言不同，它明显表现出以下特点："这些语言通常不是科学的或哲学的语言，相反在形式上却是表征性的，诗一般的或属于文学的。大量的宗教感情是用神话（在这里也就是指'故事'或'传说'）、寓言或比喻表达出来的。"[②]有的学者用形象性、比喻性、夸张性、描摹性、情感性、抽象性、庄重性、朦胧性、烦冗性、天启性[③]来概括宗教语言的特征，也很生动形象。宗教创立者一方面使用全民语言，一方面又创造性地使用宗教术语，

① 吕大吉：《宗教学通论新编》，中国社会科学出版社，1998年，第104页。
② ［美］J. P. 蒂洛：《哲学——理论与实践》，中国社会科学出版社，1982年，第350页。
③ 高长江：《文化语言学》，辽宁教育出版社，1992年，第209页。

同时还配以文学化的处理，使宗教语言增强了表现力、感染力和说服力。“如果没有宗教语汇，没有宗教对语言艺术手法的开发，全民语言可能是很单调的，无论在交际还是在表现方面都会黯然失色。另外，宗教语言有自己一套独特的语汇、语音及句法形式。虽然它是在全民语言的基础上加工建立起来的，但已明显地不同于全民语言，且对全民语言的影响巨大，如很多宗教词语已经渗透到了全民语言中。”[①]

第三节　语言与科技

建立在语言基础上的人际交往，是人类社会特有的文化现象。人类大型物质生产的组织协调就是以语言的交往为前提条件的。在人类社会早期，受制于生产规模，语言交往是简单而单纯的。那时候，人们的交际工具是口头语言。由于口语存在时效性、空间性及地域性的不足，人们的语言活动很有限。

文字的出现和使用，极大地提高了人们的语言交往能力。因为文字的出现使人类语言活动中编码、发码、接码与译码等程序产生分离，表达者可以提前构思、反复修改，

① 丁石庆：《语言：由“此岸”通向“彼岸”的符号阶梯——宗教与语言关系概说》，《西北第二民族学院学报》（哲学社会科学版），2005年第3期。

所以同样的思想以更准确、更严密的方式呈现。同时，由于文字可传于异地，留于异时，不同地域、不同时代的人可以借助文字相互交流、学习，于是知识的迅速积累成为可能。而且，文字的出现也带来一系列与文字有关的对书写工具制作技术的思考与提高。比如，我国古代最初以龟甲、兽骨、金石、竹简、布帛等作为记录与储存文字的载体，并以刀为书写工具；由于它们书写效率低、材料获取不便又笨重昂贵，于是经过长期的技术摸索，人们发明了造纸术，并以毛笔取代刀而蘸墨书写。这是语言发展带来科技进步的重要表现。

人类在语言交往中，进一步扩展着自己的社会需求，也不断地从事新的科技实践。对便捷、迅速、准确的语言活动的渴望，促使人们在交往手段上不断探索更新，于是印刷术、打字机、电报电话等新式的语言工具先后被发明并运用。今天，人类语言活动有了更广阔的空间，其交往手段也更先进，以电脑为核心的各种人工智能频频出现，各种现代化的邮电通信系统、卫星通信系统接踵而至。可以这样说，人类语言活动的自身需求，成为科技发展进步的动因之一。

一方面，人类对语言活动的需求促进了科技的发展；另一方面，科技的发展又对人类语言本身提出更高的要求，即要求语言更精确、更富有表现力，因为科技自身的理论体系也是需要借助精确、富有表现力的语言才能完成对自身的描述的。在科技的发展过程中，人类创造了许多新的专业语言。这些新的专业语言首先表现为与科技相伴的新式词汇。比如随着美国登月计划的实施和航天时代的到来，一系列与此有关的词汇 marscape、marrain、earthrise、starquake、moonport、deepspace、moonwalk 等在英语中频频出现；而随着现代通信设备和互联网技术的发展，在汉语中也产生了诸如动漫、闪客、博客、手机、彩铃、短信、网络、网站、客户端、微信等新词语。其次，一些脱离了一般常用词汇的表现形式而纯粹以抽象符号代替的专业语言也相继出现，这类语言符号多出现于化学、物理、生物等自然学科。在科技的发展过程中，早期已经存在的词汇还可能产生新的义项。如在英语里，memory 一词本没有“存储器”这一义项，display 没有“显示器”这一义项，programme 没有“程序”这一义项，但由于电脑和网络的出现，这些义项已经成为它们重要的词义组成部分。科技的发展，还使不同语言的混合使用成为可能。如汉语里竟出现“卡拉 OK”这样的中英组合，其他一些以英文字母组合形成的英语单词也时常出现在汉语的口语和书面语中，如 APEC、BBS、CEO、WTO、MM、PK、QQ、CCTV、MTV 等，且为人们司空见惯。总之，科技的发展带来专业化的语言，而专业化语言的使用又促进了专业效能在新形势下的提高和进一步发展。

第四节　语言与文化交流

文化交流对于人类社会的发展意义重大。可以说，人类社会之所以在今天取得这么高的文化成就，与人类主动地进行文化交流分不开。一部人类发展史，就是一部人类文化的交流史。中国古代有“流水不腐，户枢不蠹”的说法，文化也只有在相互流动的状态下才能保持常新常进而不至于僵化枯萎。一个社会、一个民族如果自我封闭、夜郎自大，将会带来文化上的落后，最后导致该社会、该民族的衰落或消亡。伴随现代通信技术、交通技术、多媒体、互联网及全球经济一体化的迅速发展，不同民族之间的跨文化交流日益频繁，而不同文化相互交流，是通过语言活动进行的。

语言活动是人类社会的一种文化现象，每一种语言都与建筑在这一语言之上的文化相对应。语言的思想表达功能、文化描述功能和文化储存功能，使通过语言进行文化交流成为可能。

不同文化之间的交流，最初是以口语为沟通基础的，后来发明了文字，于是语言文字成为文化交流中不可或缺的重要凭依。可以说，包括口语和书面语在内的人类语言的存在是不同种族之间进行文化交流的前提，语言的有无、语言活动在多大程度上顺利展开，决定了人类文化能否进行交流和文化交流所达到的高度。不同文化在相互交流的过程中，需要进行不同语言文字之间的相互转化，即将一种体系下的语言转化为对方可接受的语言体系，这时候翻译的必要性就体现出来了。可以说，语言翻译是不同文化之间相互交流的基本环节。据史书记载，大唐初年的文成公主远嫁吐蕃，曾带去360部佛经、60部工艺著作、60部医书、80部历算书，以及食物制作类、农业耕种类和字书、词典等书籍。这些文化书籍被译成藏文后，不仅极大地丰富了藏民族文化，而且进一步加强了汉藏之间的文化交流。而自我国明代以来，西方基督教徒入华传教，也带来中国人未曾见到的西方天文历算、科技、哲学、医学，这些文化典籍在被译成汉语后，也极大地拓展了中国人的视野并推动了中国文化的发展。

由于语言承载文化，所以不同语言的沟通很大程度上是不同文化之间的交流。从整体上看，不同文化的交流对于促进人类文化的共同发展是有利的，但与之俱来的不容否认的事实是，由于文化上的差异也带给不同文化背景的人许多沟通上的障碍和理解上的困惑。这种沟通上的障碍和理解上的困惑，往往表现为双方语言在沟通上存在困难，因为某种语言只与建立在自身基础上的文化相对应，而在不同的语言之间，同样的语言表达可能承载着不同的文化内涵，同样的思想又可能在不同的语言之间以不同的方式体现。如果我们不能把握语言背后的文化，则不同文化之间的交流肯定不会成功。

在中国人的语汇系统中，“西风”由于寒冷刺骨，一般不会引起人们的好感，于是这一意象就具有了残酷、寒冷的文化内涵，而“东风”是和煦之风，往往引起人们美好的遐想，于是这一意象就成为温情、温暖的象征。与西方人比如英国人进行文化交流时，我们固然可以使用“西风”“东风”这样的词汇，但要想使语言沟通顺利进行，准确把握这两个词汇的文化内涵是关键。这是因为，由于地理文化的差异，同样的词汇在英国人那里却表达了相反的意蕴。由于中国是大陆性气候，地处东半球且东面临海，从东海面吹来的东风是温暖惬意的，而从西伯利亚吹来的西风却是寒冷凛冽的，所以“西风”“东风”在汉语语境里才有了上述含义和文化内涵。在英国，由于地处西半球且是海洋性气候，东风是从北冰洋面吹来的凛冽刺骨的寒风，而西风却是春天即将来临的预兆，所以在英国遂有了“西风送暖，一派生面，迎来四月的春光和盛开的百花”的说法。

由上可见，文化交流离不开语言沟通这一依托，文化交流从语言沟通开始，加强文化交流，必须首先学习对方的语言。语言沟通，在其实质上是一种建立在语言基础上的文化交流。缺乏语言沟通，文化交流固然会受到挫折，但不理解语言背后所蕴含的文化，语言沟通也不可能顺利进行。从另一个角度看，文化交流也会带去不同语言之间相互学习、丰富、提高的机会，从而使参与交流的语言得到迅速完善和发展。

阅读材料：

语言、语言学和科技革命[①]

语言学和生产　文字的发明有助于形成更高级的（国家的）通用语言，并且是国家语言范围内语言交际手段进一步发生社会和职业分化的因素。它加快了在世界广阔地区内文化和生产技术经验积累的速度。

当生产达到一定的水平，工业已经能够根据操一种语言的集体的代表们所积累的经验掌握工业发展的全部内在潜力时，就产生了系统地利用同时代的和前辈的操其他语言集体成员积累起来的经验（特别是当这种经验已经见诸文字时）的必要性。

当时不同语言间交流生产经验的需要还不大，为了在不同语言间进行情报交流，有为数不多的一部分语文学家的专门性活动就足够了。这些语文学家根据自发地找到的方法掌握了另一种语言，并能利用这种语言的文献来获得有关情报。那时语文学同生产通常还只有一种十分间接的关系。因此，语文学产生的真正原因及其在发展经济基础中的基本作用还没有被人们所认识。不同语言间情报的交流

---

①　［苏］麦利尼科夫：《语言、语言学和科技革命》，卫志强译，《当代语言学》，1978 年第 4 期。

单靠语文学家这一狭窄渠道还没有被认识到是生产发展的障碍，尽管在某种程度上它已经成了这种障碍。

语言和交际手段发展的这一阶段（尽管出现了作为完善语言交际手段的语文学的专门活动），看来还不能叫作语言学阶段。但现在我们已经比较清楚，语文学的出现如何促进了对语言学的需要。

语言学和工业革命 由于利用语文渠道交流经验，加快了生产力、经济和上层建筑的发展，使生产关系的结构更加复杂，生产的规模更加扩大。后者反过来又要求中央集权国家改进、巩固和推广社会经验的统一形式，要求在不同国家的许多职业和社会集团成员之间建立直接交流生产科学经验的渠道。语文的渠道已不能满足这种要求了。介绍前辈或同时代人写的无论是本国的还是外国的文字资料这类语文活动，已经成为生产者本身的需要。特别是由于印刷技术的出现，文字资料大大普及以后更是如此。这时发现，自发地掌握语文熟巧的方式已经不能满足生产力发展的实际水平，需要有专门的方法来研究最有效的方式。为此，要求阐明语言功能的本质和结构。某些人，首先是语文学家，感到了自己在语言知识方面的这一缺陷，并寻找克服它的方法，于是就开始变成真正的语言学家了。

可见，产生语言学的首要原因是同生产、技术，首先是工业革命以及为它服务的科学的需要联系着的。语言学的产生比语文学更直接地开始加快生产发展的速度。但真正的语言学阶段的主要特点在于，第一次发现，与生产发展的速度比较起来，自发地掌握语言，尤其是掌握外语的速度有一个限度，尽管随着民族的出现，语言学促进了民族共同语的形成。至于专门的生产和科技语言，它们的产生和形成直到某一时期仍然是自发的，因为其形成速度还没有落后于生产力发展的速度。

语言学、信息论和符号学　语言学作为生产力发展的一个因素，加速了这样一个时期的到来：这时自发地形成和掌握职业语言的速度开始落后于科学和工业的要求。从此，促进统一的民族共同语的发展和提高掌握其他民族语言的效果就成为语言学的重要任务之一。而且，已经提高了自己工业发展水平的社会都关心这个任务的解决。人们越来越认识到对专门的语言学活动的“社会要求”。起初，这种语言学活动致力于阐明民族语言为科技活动服务的最大可能性；以后逐渐认清，为了达到这种服务所要求的效果，不可避免地不仅要广泛使用语言手段，而且要广泛使用其他许多符号系统。这样，很自然地形成了对新的语言学科的要求——科技文献语言理论。这一新的学科逐渐成为信息论的一部分——作为建立和提供科技所需要的任何符号系统交际活动的一个特殊分支。信息论本身又要求建立在符号系统是怎样形成和发挥作用的一般原则的基础之上。这就促使形成更为概括的学科——符号学。对符号学来说，语文学、语言学和信息论都只是研究和设计符号系统的理论和实践的具体学科。

为工业的语言学和为语言学的工业 虽然一般的语言、语文学、语言学、信息论和符号学都能为加速工业和科学范围内生产力的发展服务，但是，看来只有高度发达的技术不仅间接地，而且最直接地取决于语言和语言学的发展水平，并因而促进语言学和信息论发展的时期才能称得上是真正科技革命阶段到来的标志。这个促进过程开始于工业本身主要以电子计算技术加速语言学领域的研究，并将其研究成果运用到信息论和语言教学实践的时候。只有从这时起，语言和语言学在科技革命中的巨大作用（以及科技革命在语言和语言学发展中的作用）才能为人们充分认识。

从系统论看语言和语言学在科技革命中的作用 语言是改造、传递和保存情报的手段；语言学则是掌握、维护和发展语言的手段。因此，从系统论的观点看，语言和语言学作为加快科技革命发展速度的因素，其作用不是辅助性的，而是像矿物和动力资源等因素一样，起着最直接的作用。可见上面所说的生产发展的最重要的阶段同语言交际过程有着直接的关系，这绝非偶然。在发明文字和后来发明印刷术的过程中，开始用工业技术保存情报；在发明电报、电话、无线广播和电视的过程中，开始用工业技术传递情报。

由此可见，符号学和信息论是现代科学的两个领域，前者包括语言学（它是一门研究具体符号系统的科学）；后者则致力于语言交际的自动化和数学化。这两门科学越往前发展，越值得深入探究自然语言的本质问题。因此，符号学和信息论一方面对语言学提出一些新的原则问题和国民经济方面的种种任务，用这种方法去推动语言学的进一步发展，并用现代电子技术给予语言学以帮助，另一方面，在其发展中也越来越直接依赖语言学本身各种问题研究的深度。不仅语言学研究的最新方法，而且全部语言学有效的“传统”方法，在科技革命时代都将成为加速社会进步的物质力量。

第七章 语言与自我

是人，就叫作：是言说者。人是能说出是与否的言说者，而这只因为人归根到底就是一个言说者，是唯一的言说者。这是人的殊荣又是人的困境。这一困境才把人和木石和动物区别开来，同时却也和诸神区别开来。即使我们生了千眼、千耳、千手以及其他众多感官、器官，只要我们的本质不植根于言语的力量，一切存在者就仍然对我们封闭着：我们自己所是的存在者之封闭殊不亚于我们自己所不是的存在者。

——［德］海德格尔《形而上学导论》

第一节 语言与思维

人不仅是物质的存在物，更是精神的存在物。在更高的演化层次上，不是生理的物质结构决定人之为人，而是心灵的精神属性决定人之为人。我们作为会思考善想象的存在物，每个人以及整个人类的思维活动、精神生活的进行以及心灵世界的构筑，离开语言是不可想象的。

一、人的思维离不开语言

人是会思考的动物。人的思维活动是人的全部精神活动的基础。而人的思维离开语言是不可想象的。古人说：“人之所以为人者，言也。人而不能言，何以为人？”（《春秋穀梁传·僖公十二年》）在人们的精神世界中，人们可以苦思冥想自己的当下，也可以追溯无限的过往和未来，甚至可以在自己的精神世界自由畅游。在这一过程中，语言扮演着十分重要的角色。人的思想有多远，语言就能跟多远，思维活动主要是借助语言完成的。“认识活动的成果一旦被语言固定，人们就能在它的基础上继续认识，不必从头做起。科学地发展就是靠术语来固定每一步的成果往前推进的。”①

当然，一些研究表明，思维并不总是依靠语言。先天的聋哑人不懂语言但是能够思维。一些失语症患者的思维能力也正常。最新的研究也证实，语言似乎与思维并非如往常所说的那么“形影不离”。“有几类神经、遗传上的缺陷会对人的语言能力产生影响，但却不会危害其他认知能力。而另一些疾病则恰恰相反。”②但不可否认的是，如果一个人的语言能力出现了问题，那么他的

① 伍铁平主编：《普通语言学概要》（第二版），高等教育出版社，2006年，第23页。

② ［美］史蒂芬·平克：《语言本能》，欧阳明亮译，浙江人民出版社，2015年，第36页。

思维能力肯定受到影响。聋哑人虽然能够思维，但是他的抽象思维能力远远低于健全人就是突出的例证。尽管人类的思维并非全部依靠语言来进行，但是毫无疑问语言是人类思维最重要的工具。

思维可以从许多角度进行分类。人的思维包括直观动作思维、具体形象思维和抽象逻辑思维。人们通过思维来对世界上的事物进行概括和分类，能够从纷繁复杂的事物中抽象出类的概念、种属关系、顺序关系、相向和反对关系等，不得不借助于语言。正因为一般的思维活动需要借助语言来进行，而世界上的语言是千差万别的，因此各种语言对于事物的分类往往不同，对于事物内涵和外延的认识常常各有差异。对于同类事物的分类，有的语言非常细致，有的语言就非常笼统和模糊。这种语言上的差异，其实反映的就是各个社群对于外界事物认知方式上的差异。而操不同语言的人往往会有不同的认识，这种差异可以通过语言清晰、准确地折射出来。

二、思维语言与说话语言

思维用什么样的语言，如何使用语言？这些问题仍在探讨当中，各种观点莫衷一是。美国心理学家斯蒂芬·平克认为，人们的思维语言与说话用的语言是不同的。他说：[1]

① ［美］史蒂芬·平克：《语言本能》，欧阳明亮译，浙江人民出版社，2015 年，第 73 页。

> 一边是用于思维的表征，一边是各式各样的语言，二者在许多方面都龃龉不合。我们头脑中的每一个想法都包含着大量信息，但当我们向他们诉说某个想法时……说话者只能将其中一部分信息转换成语言，其他信息则需要听者自行“想象”。但在大脑内部的情形则完全不同，信息的交流基本不受时间限制，因为大脑各个区域之间连接着密集的神经纤维，它们能够以极快的速度传递海量信息。对思维而言，想象已经派不上用场，因为内在表征本身就是想象。

从这些论据出发，他认为“人们并不是依靠英语、汉语或者阿帕切语进行思考的，而是依靠思维语言”。并把这种思维语言命名为“心语”。[①] 确实，精神世界的思考和想象，与说出来的具体话语肯定不会完全相同。人们在口头表达的时候，必然会对思考的信息进行过滤、删除、添加甚至改变。然而，无论何种情况，一个人的思维总会带上某种语言所附带的社会文化信息。在讲母语的情况下，平克所说的“心语”和人们口头上的语言，在词汇、语法方面必然属于同一个系统，它们不可能是不同的语言。至于思考或想象的内容与口头表达的内容之间存在差异，那纯粹是

---

① ［美］史蒂芬·平克：《语言本能》，欧阳明亮译，浙江人民出版社，2015年，第73页。

表现形式的不同，不能据此认为是两种不同的语言。事实上，并不存在一种纯而又纯的思维语言。

斯蒂芬·平克命名的这种纯粹用来思考的“心语”，与西方哲学界的“私人语言”十分相似。私人语言不承认语言的社会属性，认为“这种语言的单词所指的应该是只有说话的人知道的东西，是他的直接的私人感觉。因此，另一个人是不可能懂得这种语言的”。[①] 这种私人语言的主张在西方哲学界流传渐广，笛卡儿、洛克和罗素等知名哲学家都持这种观点。这一派哲学家都坚持身心二元论和内在感觉的哲学观，认为语言是通过内在感觉来获得意义的。强调体现人类的主体意识，认为人的思想和观念都来自于人类的感官经验。然而，维特根斯坦却在《哲学研究》中从根本上否定了“私人语言”的存在。他认为人是从具有“家族相似性”的“语言游戏”中来习得语言、掌握意义的。“语言游戏”源于人们对“生活形式”规则的遵守。根据维特根斯坦的语言观，如果坚持“私人感觉”，那么这种感觉无法进入“语言游戏”；如果进入“语言游戏”，这种感觉很难说是私人的。[②] 可见所谓的“心语”说是不能成立的。

正因为精神世界与人的现实世界采用的是同样的语言，

---

① ［奥］维特根斯坦：《哲学研究》，李步楼译，商务印书馆，2000 年，第 133 页。

② 郁喆隽：《维特根斯坦的私人语言问题及其意义》，《学海》，2002 年第 1 期。

所以才能够利用现实的话语和心灵世界进行交流与沟通。心理分析师的心理疗法、催眠师的催眠术就是巧妙地利用人类语言能够沟通精神世界与现实世界、思维语言与日常语言的神奇功能，而发挥出良好的医疗效果的。精神分裂症看似思维系统出现了问题，本质是人的语言系统出了问题，导致病人对于社会的认知出现了混乱，然后大脑神经中枢变得紊乱、跳跃，难以接受正常的话语与思维。也正因为思维语言与日常语言的一致性，语言掌握得越好的人，思维往往也越丰富、越灵活，对于外界的认识也越深刻。

第二节　语言与价值判断

价值判断是人类思维活动和精神生活的重要内容。人类在社会中生活，几乎天天都要进行价值判断。各种价值判断的完成，都需要借助一定的语言去实现和表达。

一、人类与价值判断

所谓价值判断，“是指某一特定的主体对特定的客体有无价值、有什么价值、有多大价值的判断。更直白地说，就是人们对各种社会现象、问题，往往会做出好与坏或应该与否的判断”。[①] 简而言之，价值判断是人们对于外界事

① “价值判断”的定义引自百度百科。这是对“价值判断”的一种较为常见的看法。

物和现象的认识和看法，这种认识和看法带有强烈的主观色彩，经常表现为是与非、好与坏的简单而明确的评价。价值判断和语言的关系密不可分。

价值判断对于人类而言是非常重要的。不管一个人处于怎样的社会阶层，扮演怎样的社会角色，必须通过价值判断才能在社会上表达自己的意见和观点，展现自己的思维和才智，指导自己的行为和交际。离开了价值判断，人们的社会生活、社会交往和社会生产就难以为继。语言具备表达价值判断的重要功能，人的价值判断必须借助和通过语言才能准确表达出来并传导出去、记录下来。人类通过语言所表达的价值判断可能是正面的也可能是负面的，可能是正确的也可能是错误的，可能是必要的也可能是多余的。但无论如何，价值判断充斥在人类的社会交往、社会生活和社会生产中，人类无法脱离价值判断而存在。

二、语言在价值判断中的作用

语言具有陈述事实、描述事物的基本功能。一切价值判断采取的基础形式都是语言陈述。任何价值判断都可以还原为各种各样的语言符号，即通过语言来完成。这种语言符号可能是有声的，可能是无声的，但都是包含于语言的符号系统之中的。人们通过语言进行价值判断，在语言中包含着对于价值的解读，在对价值进行解读的过程中也自然而然地完成了意义的构建。语言是辨善恶的。通过语言来进行正面的宣传和引导，通过语言来激励人、鼓舞人，催人奋进，促人觉悟，使语言在价值判断方面发挥正面引导的作用。在有些情况下，语言也可以作为武器来消磨人的意志，麻痹人的思想，改造人的意识，像传销组织那样进行洗脑，通过语言的刺激进行负面的侵蚀，建构一种反常的、不健康的行为模式。不管是正面的还是负面的，本质上语言都可以用来作为一种灌输价值观的工具，干扰人的判断和选择。古代的纵横家通过滔滔不绝的言说来游说各国的君主，其企图在于通过他们的一系列价值判断和建议影响一个国家乃至整个世界的历史进程。

对于语言在价值判断进而在整个社会中所起的作用，人们似乎并没有什么清晰的认识。价值判断本质上是一个选择的过程，也就是意义建构的过程。做什么、不做什么，源自价值引导和现实需要。有了现实的需要就等于有了利益的驱动，在此基础上才能够通过价值引导去实现价值判断。往往在做一件事的时候，还没有做之前就想到了后果，这就是人们头脑中根深蒂固的价值判断在起作用。语言的世界丰富多彩，身在其中而不觉，但传递、发现、感知外界的任何事物、事件，都需要通过语言。对预知的东西进行描述，对未来的事件进行憧憬，离开语言都无法实现。可见，一系列意义的理解和建构、实现和转化，必须有语言的参与。从最极端的思想、实验到最简单的与他人的合作，特别是沟通，都包含着价值判断的过程。

三、价值判断中的文化因素

语言作为价值判断的标准不是随心所欲的，它需要有一定的文化土壤作为支撑。所有文化的功能离开语言都难以实现。语言具有传播、塑造、提升、整合、认知的功能。文化，就是通过语言来传播、塑造、提升、整合、认知的。同时，语言的价值判断也深深地受到文化因素的影响。一个社会在长期的发展过程中会孕育出特定的社会文化。社会文化的范围有广有狭，一个国家有一个国家的社会文化，一个区域、一个城市、一个村落甚至一个家族，也都有自己特定的文化。这些文化背景、文化知识，会对人们的思维习惯、行为方式和生活观念产生重大影响。人们做出价值判断，就是建立在这些社会文化基础之上的。社会环境不同，同一个人经历的历史阶段不同，他们对同一件事情的认识就会产生很大的差异，甚至做出截然相反的判断。这就是文化对于价值判断的影响。而文化影响价值判断，最终也必须是通过语言的形式表现出来的。脱离了语言，文化的影响是极其有限的。

总之，语言是一种表达意义的符号系统，这种符号系统的重要作用就在于建构意义，从而表达人们的价值判断。价值判断是通过语言表现出来的，价值判断需要通过人的语言才能够在社会上产生影响。价值判断不是随心所欲的，它需要有一定的标准，这个标准就是语言所植根的社会文化土壤。文化不同，观念就会有很大的差异，价值判断也会大相径庭。语言与价值判断的密切关系就表现为它总会受到建立在这种语言基础上的文化的制约。

第三节　个人语言能力与语言风格

一、个人语言能力的重要作用

语言能力是人类生存生活、发展进步最基本的能力，是人作为人的一种基本标志。不论是在家庭内部互相交流还是在社会关系中进行交际往来，都需要借助一定的语言手段来进行。虽然绝大多数人都能够熟练掌握一门语言，但是表现出来的语言能力却是各不相同的。语言能力是一个人思维能力、文化水平、眼界视野、性格特征的综合体现。人的生活阅历不同，思维能力不同，知识结构不同，语言能力自然也就各有差异。语言能力是一个学习积累的过程，也是一个渐变的过程，一般来说，在婴幼儿时期从牙牙学语到能够基本掌握一门语言，会经过一个突飞猛进的发展阶段。但是在经过这一阶段的人掌握了基本的语言能力之后，要想在语言能力方面明显提高，则需要经过一个缓慢的、渐进的过程。一个人的语言能力并非总在一直提高。当遇到特殊情境，反而可能会出现减退的现象。独居生活少与外界接触，海员出海的孤独环境等，都可能对人的语言能力产生负面的影响。

语言能力在人的成长过程中具有重要作用。语言能力强的人，思辨能力、口头表达能力也都很好，能够清晰、自然、流畅、准确地表达自己的见解。在社会生活中，语言能力强的人往往能够得心应手、左右逢源。无论是伟大的科学家、艺术家还是政治领袖，几乎都有着超出常人的语言能力。语言能力成为他们事业取得成功的重要助力器。古往今来，凡是在社会上有所成就的人往往有较高的语言能力。如唐代选官的四大标准“身、言、书、判”中，语言的重要性居第二位。具体来看，从西方的古希腊三贤到东方的孔子、老子，再到近现代的马克思、毛泽东、周恩来，无一不是拥有超常语言能力的超人。语言的能力在一定程度决定人的价值的充分实现。从这一角度来说，语言的精深丰富程度决定着人在社会生活中的话语权。其实，古人早就懂得语言对人的重要性。早在孔子办学时，开设有四门主修课程：德行、政事、言语、文学。其中的言语门就是关于语言的课程。随着信息时代的到来，语言生活出现了新的样态。对于语言能力来说，其内涵又有了新的拓展。传统的口语和书面语表达能力已经远远不是语言能力的全部，利用计算机和基于网络的新工具处理语言的能力，网络语言的使用能力等，都成为语言能力中的重要内容。[①] 在未来，语言的掌握和运用语言的能力仍将对人的价值的实现产生重要

---

① 赵世举：《从语言的功能看公民个人语言能力的地位和作用》，《云南师范大学学报》（哲学社会科学版），2013 年第 3 期。

影响。在同等条件下，会说话、能说话、善说话的人，语言能力强的人，办事效率就高，取得与实现的人生价值就高。这种趋势也可以看作是历史趋势的一种顺延。

二、个人语言风格的形成

语言能力强的人，往往在语言使用方面具有自己鲜明的特色。这种鲜明的语言特色，其实就是语言风格。语言能力强的人，往往具有很高超的语言修养。他们能够熟练使用和调动多种多样的语言材料和手段，对语言有着很强的驾驭能力，而且对各种与语言相关的因素都特别敏感，能够自如地在不同的场合灵活地调动各种语言手段来为表达服务。

当然，语言风格在不同的时段也是具有差异性的，人的思想观念、文化水平、语言天赋等都会对语言修养有影响，那么语言风格也就会因人而异，一个人一生的不同阶段也会体现出明显的差别来。杰出的政治领袖、著名的作家以及其他的公众人物，往往在长期的语言实践中积累了很丰富的语言知识，具有很高的语言修养和语言能力，从而形成自己独具特色的语言风格。因此，语言风格是在语言能力基础上形成的，是语言能力的外在表现。正是因为有了鲜明的语言风格，“文如其人”“言为心声”等才成为可能，我们才可能从一个人的语言风格中，体会到这个人的学识、修养、性格、阅历等内在世界。

阅读材料：

语言与思维的相互作用[①]

常有人提到这个问题：没有语言，思维是否可能。或者进一步问：语言和思维是否不过是同一心灵过程的两个方面。这个问题到处遇到误解，以致更加变为难题。不如首先指出，不管思维是否需要符号（也就是语言），联串的言语并不总是表示思想的。我们已经看到，一个典型的语言成分标明一个概念。但是并不能由此引申说，语言的使用永远或主要的是概念的。日常生活中，我们并不怎么关心概念，反而更关心具体的东西和特殊的关系。例如我说："今天早晨的一顿饭很不错"，显然我并没有苦苦思想，我所要传达的只不过是一种愉快的回忆，用符号把它顺着常轨表现出来。句中的每一成分指定单个的概念或是概念的关系，或是概念和关系联合起来，但整个句子没有概念的意味。这就有点像一个能供给足够的电力来开动电梯的发电机只用来专门供给一个电铃。这样比拟，乍一看没多大意思，其实不然。可以把语言看成一架乐器，能奏出不同高度的心灵活动。语言的流动不只和意识的内在内容相

---

① ［美］爱德华·萨丕尔：《语言论——言语研究导论》，陆卓元译，商务印书馆，2011 年，第 12～16 页。题目为摘录者所加。

平行，并且是在不同的水平面上和它平行的，这水平面可以低到为个别印象所占据的心理状态，也可以高到注意焦点里只有抽象的概念和它们的关系的心理状态，就是通常所谓推理。可见，语言只有外在的形式是不变的；它的内在意义，它的心灵价值或强度，随着注意或心灵选择的方向而自由变化，不消说还随着心灵的一般发展而自由变化。从语言的观点来看，思维的定义可以是：言语的最高级的潜在的（或可能的）内容，要达到这内容，联串的言语中的各个成分必须具有最完满的概念价值。由此可知语言和思维不是严格同义的。语言最多也只有在符号表现的最高、最概括的水平上才能作为思维的外表。稍微改变一下角度来看，语言主要是一种先理性的功能。它逐渐接近思维。思维先只是潜伏在语言的分类法中和形式中，而最终才可以从语言中看出思维。语言并不像一般的但是肤浅的想法那样，是贴在完成了的思维上的标签。

大多数人，如果你问他能否不用言语来思想，大概会回答："能，但要我这样做不容易，然而我知道是能的。"语言只不过是一件外衣！但如果语言不怎么像一件外衣，而更像是一条现成的路或是车辙，那又怎么样呢？非常可能，语言本是一种在概念水平以下使用的工具，而思维是把语言的内容精练地解释了之后才兴起的。换句话说，产品随着工具而改进。正像数学推理非借助一套适当的数学符号不能进行一样，没有语言，思维的产生和日常运用未必更能想象。没有人相信数学命题，即使是最难的，注定要依靠一套任意性的符号；但是不可能设想，没有符号，人的心灵会得出这个命题或把它掌握住。作者本人颇以为许多人觉得能不用语言来思想，甚至推理，只是一种错觉。这种错觉似乎是由好几个因素造成的，其中最简单的是没有能区分印象和思维。事实上，只要我们试一试叫一个印象和另一个印象在意识上发生关系，就会发现自己默默地说了一连串的词了。思维可能另是一个自然领域，不同于人为的言语，但是就我们所知，言语似乎是通向思维的唯一途径。还有一个原因更会叫人幻想思维可以抛弃语言，那就是一般不理解语言并不等于它的听觉符号。听觉符号可以用运动符号或视觉符号一个对一个地来代替（例如许多人能够纯粹凭视觉来阅读，即不需要从印刷或书写的词引起一连串相应的听觉印象作为中间环节），或用其他一些更隐微，更能以捉摸，以至不容易确指的转移作用来代替。所以仅仅因为一个人不觉得有听觉印象同时存在，就硬说他不用语言来思维，那绝不是合理的。甚至可以猜想思维的符号表达有时会跑出意识边缘之外，所以就某种类型的人的心理来说，会感觉到一种自由的、非语言的思维之流，这倒是相对地可以辩护的（但也只是相对地）。从心理–物理的角度来看，这句话的意思就是：言语在大脑中的相应部分，即脑中的听觉中枢，或相应的视觉或运动中枢，以及和这些中枢适应的联合路线，在思维过程中只被轻微地触动，以致全没有进入意识。这是一种极端的情况，思维不和语言手拉手地颠簸着，而只轻飘飘地骑在潜伏的语言的顶峰上。现代心理学给我们指出符号在无意识心理中起着多么有力的作用。所以现在比二十年前更容易了解，最清虚的思维可能只是无意识的语言符号的有意识的对应物。

让我就语言和思维的关系再略谈几句。上文发挥的观点一点也不排除这样一种可能：语言的成长要充分依赖思维的发展。我们可以假定语言是先理性地兴起的——至于如何兴起，确切地在哪样的心理活动水平上才会兴起，我们不知道——但是人们绝不能想象一个高度发展的语言符号系统会在明确的概念和思想（即概念的安排）起源之前自己发达起来。我们宁可设想，几乎在语言表达开始的时候，思维过程像是一种精神泛滥，就渗进来了；并且，一个概念一经确定，必然会影响到它的语言符号的生命，促使语言的进一步成长。我们确实看到这种语言和思维相互作用的复杂过程在我们眼前进行着。工具使产品成为可能，产品又改良了工具。一个新概念的产生总在旧语言材料的使用多少有点勉强的时候或是扩大了的时候预示出来；这个概念在具有明确的语言形象之前是不会获得个别的、独立的生命的。在绝大多数情况下，这个概念的新符号是用已经存在的语言材料，按照老规矩所制定的极端严格的方式造成的。有了一个词，我们就像松了一口气，本能地觉得一个概念现在归我们使用了。没有符号，我们不会觉得已经掌握了直接认识或了解这个概念的钥匙。假如“自由”“理想”这些词不在我们心里作响，我们会像现在这样准备为自由而死，为理想而奋斗吗？但是我们也知道词不只是钥匙，它也可以是桎梏。

第八章 语言及其未来

我们环顾一下流行的语言习惯，大概不会想到我们的语言有一个“坡度”，下几个世纪的变化可以说正在今天的暗流里预先成型，这些变化一旦完成，就能看出它们不过是过去已经发生了的变化的延续。我们只是觉得我们的语言几乎是一个固定的系统，而注定要发生的轻微变化向任何方向移动都可以，这种感觉是错的。正是因为不能预先知道变化的详情，所以最终的方向一致才更能给人深刻的印象。

——［美］爱德华·萨丕尔《语言论》

第一节　影响语言发展的几大因素

语言作为人类最伟大的发明创造，随着社会的发展而变化，伴随着文明的进步而完善。一个地区族群人口的兴旺与衰减，政治、经济、文化、科技、生态环境以及战争、瘟疫、突变等众多因素的消长变化，都对语言生态与发展产生了这样那样的影响。纵观人类语言发展演变的历史不难看出，人口的稳定增长、经济的繁荣发展、政治社会的安定、文化的交流融合以及科学技术和教育的普及进步，合力推动着人类语言文明的进步与繁荣。放眼当今世界和人类未来，我们感到，经济全球化、科技迅猛发展和信息互联智能化，将成为重塑世界语言版图、形成全新的语言竞争融合格局，催生新型智能语言时代的主要力量。

一、全球化对语言的影响

人类文明正在步入经济、科技、文化全球化发展的时代。在这个时代，个体之间、族群之间、组织之间、国家之间、地区之间相互依存、交流联系越来越紧密，构成文明的诸要素之间相互联通交融也超过了以往任何一个时代。这样一个时代，一方面对语言的生产、流通、交换、消费产生了巨大要求；另一方面，又不断刺激推动语言打破自身的和外在的多重束缚，向新的全球化的语言革命迈进，而脑科学、信息技术、语言技术、人工智能等的不断突破，将不断打破传统语言壁垒，为全球化这只猛虎添加上翅膀。

在全球化时代，不同区域、不同种族、不同民族的人们相互交往和接触，首先必然面临一个语言选择的问题。目前人类社会还存在着几千种语言，其中被确定为国家官方语言的大概只有 100 种，而这 100 种语言的使用人口占到了世界人口总数的95%。[①] 此外，每种语言都有若干种方言。全球化要求世界上的人们能够相互自由沟通，而方言林立、语言歧义的格局和全球化的浪潮之间是相互矛盾的。因此在全球化时代随着语言的接触和融合，强化国家标准语的地位并大力推广标准语势在必行。

许多国家很早就确立了国家通用语，并且在全球化时代普遍都加强了语言政策的制定、通用语的推行等工作。在我国，国家通用语是指汉语普通话。新加坡把马来语作为国语的同时还把英语确定为政府机构和各族群之间的通用语和教学用语。在欧洲，许多国家的国语都有好几种，比如瑞士的国语有德语、法语、意大利语和罗曼什语四种，卢森堡的官方语言是法语、德语和卢森堡语。国家确定了通用语之后，以其他的民族语言、方言为母语的人群在官方场合和人员流动、异地迁徙的过程中就可以用通用语来彼此交流。全球化的浪潮更主要地体现在国家与国家之间的紧密联系和频繁接触上，那么不同国家、种族和民族的人群相互接触、沟通、交流，就必须使用一种相互之间能够接受的国际共同语言。在历史的选择中，英语目前担当着国际通用语的角色，这与19—20世纪英国在全球的殖民扩张以及第一次、第二次世界大战以来美国在全世界的科

---

① ［荷兰］艾布拉姆·德·斯旺：《世界上的语言——全球语言系统》，乔修峰译，花城出版社，2008年，第7页。

技领先地位有着密切的关系。目前英语是联合国的六种工作语言之一，是科技领域的通用语，是网络信息采用的主要语言，也是不同语种人群之间交流的共同语言。在国家内部大力推广共同语，以及在全世界范围内寻求国际交流的共同语的同时，一些语言成为强势语言，还有一些语言则成为弱势语言。弱势语言受到了全球化、互联网以及强势语言的冲击，不可避免地逐步缩小了自身的影响，并处于可能消失的境地。

随着全球化浪潮的进一步推进，语言的作用将不断凸显，人们对语言的认识也发生了翻天覆地的变化。过去，语言被认为是人类思维和交际的工具。如今，人们认识到语言还有社会资源和文化资源的属性。多元文化激烈碰撞交锋使得语言的社会、文化属性更为突出。

二、数字化技术对语言的影响

在未来，数字化技术作为改变世界的语言应用技术仍将继续向纵深发展。

二进制计数即以0110010110的模式，将人类的语言转换为0和1交替出现的机器语言。计算机的二进制记数法最早是由德国数学家莱布尼兹所创。无论高级语言是什么，最终机器都会解析成可以识别的二进制语言，也就是说在机器的世界里只有0和1。计算机通过使用二进制来进行计算，即满2进1的二进制，而不是用人们所熟悉的十进制。计算机进行程序运转设计的语言，正是依靠数字化语言技术来实现的。

数字化技术使机器人能够听得懂人类的语言。诸如用语音指令开汽车、语音识别、语音搜索、声纹识别、交通引导语音系统等，都可以使用数字化的语言技术。早在2012年，上海通用汽车已经将语音云驾驶 iVoka 技术应用于汽车电子系统，驾驶员只需运用语音指令就可以实现打电话、发短信、卫星导航、调控音响、调节空调、开关照明等。新一代数字化语言学习系统建立在网络数据交换基础上，它将经过 A/D 转换后的语音或音频数据文件通过标准的网络协议传送给用户终端。数字化语言学习系统的基本结构主要由多媒体设备、教师机、交换机和学生终端等四部分构成[①]。而学生终端的设计包括操作系统、微控制器、网络系统、音频系统、存储系统、键盘与显示系统。要想使数字化语言通过声音、图像、动画、影视等多媒体手段更好地服务于教学实践，就必须加强对数字化语言技术的研发。

语言应用的数字化技术已成为改变世界的重要推手。越来越多的政府机关、大学和科研机构、国家重大科技工程都在不断推进语言学的应用范围。目前较为成熟的语言学交叉学科有计算机语言学、神经语言学、航天语言学、社会语言学、刑侦语言学、法律语言学、应用心理语言学、

① 李慧、崔建粤：《数字化语言学习系统学生终端的设计方法研究》，《中国现代教育装备》，2008年第10期。

宇宙语言学等。美国在“9·11”事件以后立即启动了“全面信息感知计划”，后来又启动了“国家开放源事业计划”，特别是近年来利用信息监听技术对全球的电话、网络等语言信息进行数字化技术分析，并根据语言学家提出的隐喻理论对各种语言信息进行情报破译。这些足见语言数字化技术的广泛运用与重要意义。

三、网络对语言发展的影响

当前，互联网信息技术深入发展，人与人之间交往的范围、频率出现了前所未有的扩展。以微信、微博等为代表的自媒体，大大激活了人们语言创新与传播的热情。近年来汉语每年约产生 1000 个左右的新词，平均每天产生 3 个新词。网络流行语更是一茬接一茬，令人应接不暇，稍不留神就会“落伍”。网络自媒体快捷、便利、交互的特点以及信息生产、积累、共享等多样化的传播方式催生了新词语及其表达方式的多样性。

在网络时代，语言的娱乐化、噱头化、无厘头化倾向将不断演绎，这种倾向属于后现代思潮在语言方面的一种反应。即通过夸张、讽刺和自嘲的语言或行为，故意将一些毫无联系的事物、现象等进行莫名其妙的组合、串联或歪曲，表面上嬉戏、调侃、玩世不恭、及时行乐，无深度表现、破坏秩序、离析正统等等，以达到搞笑或讽刺的目的，实质上有着深刻的社会内涵，直接触及事物的本质。网络流行语来得快，淘汰也快。有些网络流行语，平均只有几十天的寿命。网络流行语有着极强的生活气息，并且语言生动有趣。如中式英语“no zuo no die（不作死就不会死，意为没事找事，结果倒霉）”等作为汉源俚语被收入美国在线俚语词典《城市词典》，这些具有“汉语腔”的英语俚语引起广泛关注。各式各样的网络语言带有很强的娱乐性质，网络是展示人的智慧、新颖、独特和与众不同的地方，这也说明了我们社会在进步，社会更加包容和多元化。①

网络语言是属于网络的一种在场语言，也是当代社会文化的一种表达形式。网络流行语言，如火星语、字母词等越来越多地渗透到生活中，进入公众视野。之所以如此，是因为网友用异化的生活用语，在网络中进行交流会有一种参与感和被认同感，同时也能感受到这种语言所带来的娱乐感。这也是语言功能的一种发挥，只不过在网络上体现得更充分一些。不过，我们在使用网络语言时一定要把握一个尺度：网络语言只是写给特定人看的，只要对方能看懂就可以，但不能让它影响到现实生活和现实世界。比如，聊天用的表情符号如果出现在中小学生作文中的时候，作为家长和老师是应该进行纠正的。可见，网络语言的使用是要受特定环境制约的。

---

① 曹进：《网络语言传播的“模仿”与“复制”》，《中国传媒大学第二届全国新闻学与传播学博士生学术研讨会论文集》，2008 年。

从生态学角度看，语言的多样性体现了良好的语言生态。从建设和谐社会的角度，正确引导人们的网络言论不仅充满挑战、极具难度，而且意义重大。同时，从提升国民整体素质的立足点考虑，培育一个言语文明、关系和谐、氛围融洽的网络言语交际环境，无疑是未来语言伦理学需要着力解决的社会问题。

第二节　语言在未来的趋势预测

人类有着强烈的探究未来世界的好奇心，其中也包括对未来语言状况的猜想。人类社会从史前经历了农业、工业文明，逐步进入了信息时代。人类社会飞速发展，语言的变化也随之每时每刻都在进行着。遥望未来，人类的语言将会如何发展呢？人类社会的语言会从数千种逐步统一为一种或者几种通用语言吗？人类是否能借助各种高科技手段实现交流的畅通无阻，从而依然保持着异彩纷呈的多样化局面？尽管人们展开想象的翅膀对语言的未来进行丰富的猜想，但是哪种猜想更贴近语言发展的实际却很难预料。

一、语言、文化的单一化与多样化

当前世界各国之间的联系日益紧密，为了沟通和联系的现实需要，人们通常要学习除了母语之外的其他语言。掌握两种语言的人群越来越大，甚至在瑞士等少数国家，会说三四种语言的人比比皆是。在当今社会，跨语言交际成为一种常见的现象，掌握一门外语的人很常见，甚至有人能够掌握两到三门的外语。学习一到两门外语，就相当于给自己的发展插上了翅膀。人的工作能力的提升、思维能力的强化、交际能力的拓展都会因为掌握多种语言而有一个质的飞跃。目前，许多非英语国家都把英语作为第一外语，还有一些国家的语言以及与语言相联系的文化呈现出非常复杂的样态。全球化带来的人员流动、族际沟通等带来了对通用语的现实需要。人们为了更好地沟通，会选择一种或几种通用语言，而通用语言的选用导致这种语言承载的文化逐步渗透进来。随着英语在全球范围内的通用性越来越稳固，英美文化在全球范围内的普及可能会带来文化多元化向单一文化的转变。

在全球化背景下，语言的接触和融合带来的文化碰撞与交融是不可避免的。但是在这种文化的相互渗透中，一种语言和文化明显占据了上风，就会导致其他的语言或文化减少应用范围甚至处于濒危状态。尤其是在当前的形势下，人们甚至预测英语可能会取代世界上的其他语言，成为地球上的唯一语言，随之而来是丰富多彩的文化的逐步毁灭。一些非英语国家对此表现出了深深的忧虑。法国著名语言学家海然热指出：“但凡有统治野心的强国所使用的通用语言都有着一种天然的倾向，那就是不满足于只作为沟通工具，相反地，它要取代所在国的本土语言，只要本土语言对它形成竞争。以英语这门新自由主义的全球化的语言为例，它所威胁的主要是那些承载了有国际使命感的文化的语言。”[①] 事实上，目前的单一性文化只是一种趋势，还远远没有占据主导地位。即使在英国和美国，也远远没有做到英语一统天下，英国的威尔士讲威尔士语，美国的某些地区讲西班牙语，还有一些国家和国际组织使用多种语言作为官方语言，更是一种普遍的现象。[②]

语言文化单一性的趋势也引起了联合国的关注。为了保护世界文化的多样性，联合国教科文组织把每年的 2 月 21 日设为“国际母语日”，通过这种方式来唤醒人们对母语和本国文化的重视。联合国教科文组织制定了《世界文化多样性宣言》《保护非物质文化遗产公约》《保护与促进文化表现形式多样性公约》来维护全球语言生态。既要保留语言和文化的多样性，又要进行畅通无阻的跨文化交际，最理想的方式应该是培养多语人群，鼓励语言使用者除了母语之外，再掌握一到两门外语。这样，既能在全球化的环境中顺畅地沟通、联系，又能够最大限度地保留本民族的语言和文化。

二、保护语言文化多元化的国家力量

为了避免本国的语言和文化被强势语言同化，保持本国

---

① ［法］海然热：《反对单一语言——语言和文化多样性》，陈杰译，商务印书馆，2015 年，第 67 页。

② 冯志伟：《信息时代的多语言问题和对策》，《术语标准化与信息技术》，2010 年第 2 期。

语言文化的独立地位，从而维护国家的文化安全，各国纷纷出台了各种政策来保护语言资源。在这方面，法国的保护意识最强，保护措施最多。早在 1992 年，法国就在宪法中明确规定了法语也是国家主权的重要组成部分；1994 年，法国颁布了《法语使用法》，目的在于保护法语的纯洁，防止英语对法语的影响；1996 年，法国在拥有以保护法语纯洁性为己任的法兰西学院之外，另成立了专门术语和新词审定委员会，严格控制外来词的数量。2006 年，又严格要求所有在法企业必须以法语文件为唯一法律有效文件。其他国家也在保护本国的语言文化方面做出了诸多努力，比如 2016 年 6 月墨西哥修改了《电视和广播联邦法》的相关条文，允许在电视和广播中除了官方语言西班牙语之外，还可以采用土著语言进行播报。同年 12 月，巴伦西亚语言政策和多语制管理总局宣布即将成立语言权利办公室来保证西班牙语和巴伦西亚语两种官方语言都不受歧视，这其实是在改变巴伦西亚语的不平衡处境。我国在 2015 年启动了中国语言资源保护工程，调动了数千名学者在全国范围内对汉语方言和少数民族语言进行记录、保护和抢救。媒体也在语言文化保护方面付出了很多努力，《中国汉字听写大会》《中国成语大会》《中国谜语大会》和《朗读者》等节目对于语言文化的传播和保护做出了贡献。

除了对语言进行全方位的保护之外，各国并不故步自封，而是纷纷开始正视世界交流与融合的大趋势，鼓励本国人在掌握母语的同时适时地学习第二语言。学习第二语言，是国家战略发展的需要，也是国家安全和经济发展的需要。有效的外语人才资源规划与管理对于应对新形势下国家安全中的重大问题，实施国家走出去战略具有重要意义。目前一些国家已经建立了完备的语言人才动态数据库。美国每隔10年都要进行一次人口普查，从1996年开始把语言信息的普查也纳入了进去，并对在读的本科生和研究生语言信息进行了登记，由此组成了全国的语言人才动态数据库。当国家对语言人才有特殊需求时，可以很便捷地从数据库中查找、提取需要的材料，并在第一时间联系到这些外语人才。美国国家语言服务团数据库明确写入了美国的《国防授权法案》，能够有效涵盖260种语言。世界上的许多国家也都和美国一样，特别重视国家外语能力的建设。近年来我国积极倡导“一带一路”建设，在外语人才培养方面也积极投入了大量的人力物力，增加了多个非通用语专业。据统计，“一带一路”沿线共涉及国家65个、国语或国家通用语50多种，语言200种左右。[①]可见，不论是本国语言还是外语，都在国家管理中发挥着重要的作用，甚至语言能力与国家安全、国家发展战略紧密联系在了一起。在世界经贸往来日益频繁、国家之间的沟

---

① 李宇明：《一带一路需要语言铺路》，《人民日报》，2015年9月22日第7版。

通和联系日益广泛的今天，语言能力建设既重要又复杂，需要把语言问题提升到世界联通和国家发展的高度来看待，对语言能力建设方面存在的问题必须正视并积极加以解决。

三、语言发展的未来趋势

如果梳理一下全球语言的发展过程，可以发现从总的趋势来看，世界上语言的数量是在逐步减少的。目前，世界上依然存在着6000—7000种语言，但是这些语言在使用中却表现得非常不平衡。世界上使用人数最多的是汉语，分布区域最广的是英语，印地语、西班牙语、俄罗斯语和阿拉伯语的使用人数也都超过了2亿。94%的语言由6%的人口在使用。这种语言使用人口数量和分布上的不平衡，对于语言发展有着直接的影响。人类社会相互的沟通交流越来越多，使用人数多、分布地域广的语言必然会在竞争中处于优势地位，最终导致那些使用人口少、分布地域不广的语言逐步濒危甚至消亡。每一种语言都代表着一种认识世界的独特方式，多样化的语言是维系世界多样性的基础和纽带。语言数量的消亡，往往代表着一种又一种文化的消失。更有专家指出，语言的这种种类不断减少的趋势会越来越明显，到几代人之后，可能会只剩下600来种，甚至在将来人类社会可能变成单一语言文字的社会。随着这种单一语言社会的来临，人类的不同种族也融合为一，而且文化也变得更加单一，人类的创造性和抗侵袭能力也将大大降低。

但是也有另外一些人认为，出现语言文化世界一统的可能性微乎其微。进入 21 世纪以来，随着世界文化交流和融合的日益加剧，民族主义意识对语言的影响也越来越大。在 20 世纪曾经饱受外国殖民的国家纷纷独立，经济取得了很大的发展，逐步开始注重民族文化的保护。而作为文化的载体——语言，也受到了空前的重视。许多国家都以民族的独立自强和主权自主为号召，抛弃了原殖民国家的语言，而采用了本民族的语言作为国语。这种运动对于英语在世界上的地位虽然无法构成挑战，但是在一些国家和地区仍然具有很强的引导作用。一方面是积极融入全球化，需要学习强势语言，来加强国际往来；另一方面在国际化的进程中还要保留民族语言乃至文化，强调本民族文化的独立性。这种思潮对于抵制强势语言的冲击，保证民族语言的通用性有积极意义，也一定程度上反击了全球化的潮流。世界上许多国家的语言、文化工作者已经注意到了语言的单一化趋势，并且在国家层面已经采取了种种措施来应对和消解这种趋势。

从科技发展的角度来看，语言技术和人工智能也在迅猛发展。微软发明的一种新型的翻译工具，能够轻松实现包括中文在内的 9 种语言的实时语音转为文本翻译。谷歌翻译最近又增加了 13 种语言的翻译支持，翻译支持的语言数量已经增加到了 103 种，目前谷歌翻译已经能够为 1.2 亿人提供服务，并且覆盖了 99% 的网民。语言翻译方面技术的不断突破，使学习强势语言显得不那么迫切了。在一定时期内，语言的多元化仍然是世界语言发展的主流。随着全球化的逐步深入，生活在单一语种社会的人将会越来越少，掌握一到两门外语的人将会非常普遍。语言会在使用中不断竞争、碰撞，但是也会交流和融合。这种语言的多元化和文化的多样性，将会是一定时期内语言发展的主流。

在目前的世界语言格局中，英语占据主导地位。英语是全世界分布最广的语言，网页上 80% 的信息都是用英语记录的，多数的现代科学技术都是以英语为基础来进行定义的。从这些方面来看，英语的“霸主地位”会在相当长的时期之内一直保留着。英语原本是一个偏远的英伦小岛上的人群使用的语言，直到公元 16 世纪依然是英伦三岛使用的一种影响极小的语言，公元 17 世纪英国开始向海外殖民，但是那时的英国人在向外殖民的过程中还需要学习目的地的语言才能够生存。在英语远远没有崭露头角的时候，荷兰语、意大利语和法语等才是世界上更有影响力、使用人群更多的语言。① 直到 18、19 世纪时，英国的殖民地遍布全世界，英语才开始成为一种具有世界影响的语言。第二次世界大战以后，英国虽然日渐衰落，但是美国的崛起又为英语保持世界影响力提供了坚强的后盾。目前，英语不

---

① 褚孝泉：《世界强势语言的产生》，复旦大学出版社，2016 年，第 74 页。

仅在科技领域唯我独尊，而且在电影、流行音乐、电视节目、新闻媒体和电脑软件方面也占有绝对优势。所以英语这种世界性语言的地位短期之内难以撼动。除了英语之外，西班牙语、汉语、德语等语言也占有重要的地位。有人预测，“只有三种语言（加上它们各自的手语）可能会在未来 300 年里保存下来：汉语普通话、西班牙语和英语。然而，未来几百年里，由于文化的原因，小而富的社会（如日本，德语国家，法国，意大利和其他）可能仍会保有它们的语言。像拉丁语、阿拉伯语和希伯来语等肯定还会继续使用很多个世纪，主要是由于宗教上的原因。”[①] 语言发展的事实是否能如此，还有待于时间的检验。

第三节　汉语在未来的发展趋势

世界语言发展极不平衡，逐步出现了强势语言和弱势语言之分。这是社会发展不平衡在语言中的表现，是社会在竞争中发展的真实写照。当然，语言的强势弱势是相对的，而且并非一成不变。一些语言在某些区域是强势的，但是在国家层面却属于弱势语言。一些民族语言在民族区域属于强势语言，它们在通行的区域内得到了良好的保护，促

① ［新西兰］斯蒂文·罗杰·费希尔：《语言的历史》，崔存明、胡红伟译，中央编译出版社，2012 年，第 172 页。

进了本区域语言使用者对于本民族语言文化的认同。汉语是世界上使用人数最多的语言，也是联合国的六种工作语言之一。随着中国国力的不断上升，汉语在世界上的影响越来越大。随着数以百万计的华人华侨散布在世界各地，五大洲都有许多人在使用汉语。汉语和英语目前并峙高耸，是世界上影响最大、使用最多的语言之一。

一、汉语在国内的发展

近三十多年来，中国的经济飞速发展，社会结构正处于调整当中，国内的人口流动加快，这导致汉语的发展速度也随之而加快了。我国有十大汉语方言区，每个方言区下面又分为若干方言片。方言之间的差异，阻碍了社会人员的流动和经济的发展。改革开放以来，随着社会发展速度的加快，劳动力的社会流动变得异常频繁，国家通过推广普通话努力弥补方言歧异带来的交际问题，成效十分显著。目前，普通话已经成为教学语言、工作语言和不同方言区人们交流使用的语言。大力推广普通话促进了地区间人与人的交流，极大地促进了经济社会的发展。同时，普通话的强势地位也对方言造成了明显的冲击，方言一度被认为是落后的、有局限性的，因此方言渐渐地受到普通话的影响，一些方言区出生的儿童逐步放弃了母语学习，这种状况在大中城市尤为明显。我国还是一个有着 56 个民族的多民族国家，目前有 80 多种语言还在使用中。国家规定了汉语普通话的通用语地位，同时还规定了民族区域自治制度，各民族有使用自己语言文字的自由。在一些民族自治区，各民族也可能选用一种少数民族语言作为当地的通用语。这从客观上也促进了这种被选为区域性通用语的民族语言的发展。

推广普通话的目的是为了更好地促进社会经济发展，但是方言和少数民族语言也具有独特的文化价值和社会作用。每一种方言和少数民族语言，都代表着一种独特的思维方式，承载着独特的文化内涵，需要大力加以保护。近年来，我国努力实施中国语言资源保护工程，旨在对日渐式微的方言文化和少数民族语言文化进行保护。推广普通话和使用方言、使用少数民族语言并不是相互矛盾的，人们可以使用方言和少数民族语言在族群内部进行交流、沟通，也可以在工作、学习的场合使用汉语普通话，成为双语、双方言的践行者。

二、汉语在国际上的发展

在人类历史上，中国曾经长期处于领跑者的地位。中国的语言和文化也在东亚、东南亚有着广泛影响。近代以来，随着西方列强的崛起与世界殖民，中国语言的国际影响力随之减弱。中华人民共和国成立以后，中国逐步摆脱了近代以来落后挨打的局面，以一个崭新的姿态屹立在世界民族之林。经过数十年的发展，中国的国力大大增强，世界上与中国进行贸易往来的国家越来越多，中国是世界上200多个国家和地区的第一大贸易伙伴国。在全球化的背景下，中国已经与世界各国紧紧联系在一起。

随着世界各国与中国经贸往来的不断紧密，世界上学习和使用汉语的非母语人群也越来越多，汉语走向世界已经成为一种不可逆转的潮流。目前全世界学习汉语的非华裔约有 1 亿人，汉语是澳大利亚的第一外语，是法国、德国、日本和韩国等国的第二外语，全球有 60 多个国家把汉语教学纳入到国民教育体系中。随着国际形势和中国发生的巨大变化，汉语走出国门成为具有世界影响力的语言已经成为现实。我国政府也在积极推动汉语走向国际。据《文化建设蓝皮书•中国文化发展报告（2015—2016）》的数据，国家对外汉语教学领导小组在海外设立的孔子学院和孔子课堂已经达到了 1400 多个，成为国际上推广中国语言文化重要的非营利性交流机构，在世界影响范围很广。此外，还有大量其他国家设立的汉语学习机构以及数量众多的私立汉语学习机构遍布在全世界。

我们也应该清醒地认识到，英语之所以成为世界性影响的语言，除了英国殖民扩展的原因之外，还与第二次世界大战以后美国在科技、文化等领域的世界领先位置有着密不可分的关系。目前我国的科技发展水平和文化影响力还有待提高，汉语还不具备超越英语的实力。但不管怎样，作为联合国的六大工作语言之一和作为全世界使用人口最多的语言之一，在中国发展势头强劲的背景下，汉语的国际影响力也会越来越大。也有学者预测，在未来 300 年内，世界上仅剩余的三种语言就是英语、西班牙语和汉语普通话。[①] 这也从一个角度证明了学术界对于汉语国际地位的一种认可。

阅读材料：

语言的发展与进步[②]

一般来说，深居简出的语言总是保守的。远离世界中心和交通干线，只限于在闭塞的地区里使用的语言往往具有明显的古代特征。例如立陶宛语是处在远离欧洲各大国的贫瘠的森林地区的乡村语言，它就是印欧语言中最古老的语言。语言在外界影响最受限制的山区或半岛的极端保存得最好。缩在比利牛斯山山谷中的巴斯克语和紧靠着大西洋的布列塔尼语就是这样保存下来的。

住地情况同样影响语言的发展。当居民稀稀疏疏地分布于广大地区时，这种分散就有利于方言的分化。相反，如果居民聚居在集市或城镇，这种生活方式就便利于共同语的创立，使它在某种程度上成为集市或城镇内不同社会阶级的语言之间的一种平均数。因此，社会影响不仅可以延

① ［新西兰］斯蒂文·罗杰·费希尔：《语言的历史》，崔存明、胡红伟译，中央编译出版社，2012 年，第 172 页。

② ［法］约瑟夫·房德里耶斯：《语言》，岑麒祥、叶蜚声译，商务印书馆，2011 年，第 411～417 页。

缓或加速语言的演化，而且也可以决定这种演化的方向和范围。我们在上面所说的共同语言、方言和特殊语言间的关系都可以用来说明这个一般的原理。

就是我们的心理活动也要受社会原因的支配。如果语言的历史很长，包括许多时期，我们就可以由此看出社会演化对于人们的心理素质所发生的某些效果。例如我们已经注意到语言有失去神秘的性质，变得越来越富于理智、放弃具体观念的表达的、提升到抽象的这些一般倾向。印欧语语法的最古形式比后来的主观而且具体得多。在古印欧语里，时的范畴表现为比较主观的动作的持续情况，随着年代的发展，真正的所谓时，也就是动作发生时间的概念才日渐为这些语言所考虑并表达出来。

在这里，考察野蛮人的语言可以证实我们从历史中取得的知识。这些语言里呈现的语言情况是我们所称的文明所绝不反映或极少反映的。它们富于具体的和特殊的范畴，这和我们开化的语言形成鲜明的对照，因此在我们的语言里，这类范畴已经消失，越来越多地具有抽象的和一般的范畴。野蛮人以罕有的精确性表达了许多我们茫无所知的具体细节。例如他们对于空间的考虑也许比我们的语言对于时间的考虑更为注意。在他们的心目中，任何动作都固定于空间的某一点上，人和物的空间关系在他们的语言里都由特殊的范畴表示出来，比之时间上的关系有过之而无不及。时间比空间是高一级的抽象。我们开化的人在形态中放弃了空间的具体概念，更乐于表达时间的抽象概念。这是文明的一种表现。

……

但如果我们设想，有一个政治上的或社会上的巨变推翻了今天存在于人们集团间的障碍，把不同阶级、不同国籍、不同种族的代表都卷进同一个风暴里，甚至摧毁我们由来已久的文明，完全让位给一种建立在别的基础上的新文明，那么在这种情况下，语言会不会首先遭受损害呢？这种差不多已经在我们的各大共同语里消失了的神秘的和具体的心理状态会不会变得强大起来，按照它自己的面貌来改造我们的语言，并把自己的习惯强加于它们呢？到那个时候，我们法语将会变成什么样子呢？它将不多不少地变成一种野蛮人的语言。它将朝着相反的方向沿着它达到今天这种状态所走过的道路往回跑。它将从抽象转到具体概念的表达，充满着神秘的和主观的范畴。这将是进步还是退步呢？二者都不是，至少从语言学方面说是如此。我们没有必要考虑文明变迁的利弊，甚至是恢复到所谓野蛮状态的利弊，一切都是相对的。我们没有权利因为自己的语言是理性的和抽象的而认为这样的语言比具体而神秘的语言优越。那是两种不同的心理状态，每种都能有自己的长处。在一个居住在天狼星上的人的眼里，没有任何东西可以证明开化的人的心理状态不是退化的等价物。

现在我们看到，对语言进步的假设应该怎么理解。绝对意义的进步显然是没有的，正如没有道德或政治的绝对进步一样。有的只是一些前后相继的不同状态，在每一状态中都统治着某些一般的规律，他们是各自状态中起作用的力量相互平衡的结果。语言的情况也是这样。我们可以在语言的历史中看到某些相对的进步。语言或多或少适应一定的文明状态。进步就在于语言最能适应说话者的需要。但这种进步无论怎么样真实，却永远不是确定的。一种语言，只要说这种语言的人保持着相同的思想习惯，它的特征就能保持下去；而语言的特征是容易发生变化、被磨损和消失的。认为语言是一种离开人而独立发展并追求着它自己的目标的理想的实体，那是一种错误。语言不可能存在于进行思维和说话的人之外。它的根子扎在个人意识深处，它要从这里汲取力量，让人们的口里开出鲜艳的花朵。但个人的意识只是集体意识的一分子，集体意识把它自己的规律强加于每一个人。因此，语言的演化只是社会演化的一个方面。我们不应该把它看成是往不断确定的目标迈进，语言学家在语言中看到了社会力量的作用和历史的影响，他的任务就算完成了。